express - Middleware für node.js

Jörg Krause

express - Middleware für node.js

Jörg Krause

This book is for sale at http://leanpub.com/express-nodejs

Diese Version wurde veröffentlicht am 2015-09-09

ISBN 978-1517281342

Leanpub

Das ist ein Leanpub-Buch. Leanpub bietet Autoren und Verlagen mit Hilfe des Lean-Publishing-Prozesses ganz neue Möglichkeiten des Publizierens. Lean Publishing bedeutet die permanente, iterative Veröffentlichung neuer Beta-Versionen eines E-Books unter der Zuhilfenahme schlanker Werkzeuge. Das Feedback der Erstleser hilft dem Autor bei der Finalisierung und der anschließenden Vermarktung des Buches. Lean Publishing unterstützt de Autor darin ein Buch zu schreiben, das auch gelesen wird.

Ebenfalls von Jörg Krause

Einführung in node.js

Reguläre Ausdrücke

JADE - Die Template-Engine für node.js

Dieses Bändchen ist für alle gedacht, die sich durch die ersten Schritte der Softwareentwicklung kämpfen oder ihr Wissen auf den aktuellen Stand bringen möchten.

Die Zukunft der Softwareentwicklung liegt im Web, in der Cloud, oder wo auch immer. In jedem Fall nicht auf einem isolierten, lokalen System. Dieses Bändchen ist Teil einer Serie von Titeln, die dabei helfen sollen, sich den Herausforderung der Webentwicklung zu stellen. Die Themen sind nicht zwingend brandneu, sondern eher zur Bildung einer thematischen Einheit gedacht.

Alle Bändchen sind ganz oder in Ausschnitten auch auf meinem Blog unter www.joergkrause.de zu finden und sind gedruckt, als E-Book (EPUB und Kindle) oder online als PDF und HTML verfügbar. Begleitende Kurse zum Thema sind bei www.IT-Visions.de buchbar.

Inhaltsverzeichnis

Express – Middleware für Node.js

Diese Bändchen beschreibt kompakt und übersichtlich die Express-Middleware. Sie gehört zum Node.js-Stack, das heißt, alle hier gezeigten Beispiele und Kommandos sind nur in einer Node.js-Umgebung lauffähig.

Zielgruppe

Dieses Bändchen wendet sich an Anfänger und an Webentwickler, die neu in der MEAN-Welt sind. MEAN steht für "MongoDb Express AngularJs Node" und bezeichnet ein komplett auf JavaScript basierendes Entwicklungs-Ökosystem.

Vielleicht sind Sie aber auch ein Webdesigner, der JavaScript als eine hervorragende Möglichkeit entdeckt hat, seine Webseiten mit dynamischen Elementen aufzuwerten. Dabei haben Sie mit Texten zu tun, die durchsucht und ersetzt werden müssen; mit Formularen, die der Nutzer auf unglaublich vielfältige Art und Weise falsch ausfüllen kann; mit Datenbankinhalten, die schnell und effizient durchsucht werden müssen. Dann wird Ihnen dieses Bändchen einen der Teilaspekte in besonders übersichtlicher Form zeigen, nämlich das Erzeugen von HTML und JSON mit einer serverseitige API.

Auf alle Fälle habe ich mich bemüht, keine Voraussetzungen an den Leser zu stellen. Sie müssen kein Informatiker sein, keine Programmiersprache perfekt beherrschen, keine höhere Mathematik kennen. Egal in welchem Zusammenhang Sie auf reguläre Ausdrücke gestoßen sind, Sie werden diesen Text lesen können.

Wenn Sie diesen Text zufällig gefunden haben und mit dem Begriff "MEAN" nichts anfangen können, lesen Sie es trotzdem. Sie werden eine der modernsten Techniken der Webentwicklung kennenlernen und künftig gehören Sie zum Kreis hervorragender Entwickler, die hochperformante und zukunftsorientierte Websites bauen.

Was Sie wissen sollten

Leser dieser Reihe müssen kaum Voraussetzungen mitbringen. Etwas JavaScript kann nicht Schaden und wer schon mal eine statische HTML-Seite gesehen hat (den Quellcode natürlich) kommt sicher gut rein. Ich gehen davon aus, dass Sie wenigstens ein aktuelles Windows-System haben. Sie können die Umgebung direkt auf Windows installieren oder auf Linux. Wenn Sie Windows 8 oder 10 haben, können Sie die Hyper-V-Umgebung nutzen, um darauf ein Ubuntu-Linux zu installieren. Es ist einfacher als Sie denken und auf jeden Fall einen Versuch wert.

Wie Sie diesen Text lesen können

Ich will Ihnen nicht vorschreiben, wie Sie diesen Text lesen sollten. Beim ersten Entwurf der Struktur habe ich mehrere Varianten ausprobiert und dabei festgestellt, dass es die ideale Form nicht gibt. Wenn ich mich an den verschiedenen Skriptsprachen orientiere, zerfällt der Text in mehrere Kapitel, die nicht im Zusammenhang miteinander stehen. Der eine oder andere Leser wird sich dann ärgern, dass er viel Geld für ein Buch ausgibt, das nur zu einem Fünftel verwendbar ist. Diese Bändchen löst das Problem, indem es auf ein sehr kleines Thema fokussiert ist und kein "bla-bla" zur Aufblähung des Umfangs dabei ist.

Anfänger sollten den Text als Erzählung lesen, von der ersten bis zur letzten Seite. Wer sich schon etwas auskennt, kann die für ihn weniger interessanten Abschnitte gefahrlos überspringen.

Falls Bezüge notwendig sind, habe ich entsprechende Querverweise eingefügt.

Schreibweisen

Das Thema ist satztechnisch nicht einfach zu beherrschen, denn lange Listings sind oft schwer lesbar und es wäre schön, wenn man die beste Leseform optisch unterstützen könnte. Ich habe deshalb oft zusätzliche Zeilenumbrüche benutzt, die der Lesbarkeit dienen, im Editor Ihrer Entwicklungsumgebung aber nichts zu suchen haben.

Generell wird jeder Programmcode mit einer nicht proportionalen Schrift gesetzt. Außerdem verfügen Skripte über Zeilennummern:

```
1  function test(d){
2    return (d != undefined);
3  }
```

Wenn Sie etwas am Prompt oder in einem Dialogfenster eingeben müssen, wird dieser Teil der Anweisung fett geschrieben:

$ npm start

Einige Ausdrücke sind mit allen Arten von Zeichen gespickt und in fast allen Fällen kommt es auf jedes Zeichen an. Besonders das Leerzeichen ist nicht, wie in anderen Programmiertexten, beliebig verwendbar. Sie müssen genau so viele Zeichen eingeben, wie angegeben sind. Damit Sie Leerschritte richtig erkennen, werden diese mit dem Symbol • gekennzeichnet (ein kleiner Punkt in der Mitte der Zeile):

```
1  grep -w /^\\s*(•?)+/
```

Oft werde ich die Verwendung bestimmter Zeichen in einem solchen Ausdruck genau erläutern (ich lasse Sie wirklich nicht mit solchen

Zeichenschlangen allein). Dann werden die "wichtigen" Zeichen durch Zeilenumbrüchen alleingestellt und auch in diesem Fall werden Zeilennummern dazu dienen, das betroffene Symbol im Text exakt zu referenzieren (z.B. "Beachten Sie undefined Zeichen in Zeile 2"):

```
1   function test(d){
2     return (d != undefined);
3   }
```

Symbole

Um die Orientierung bei der Suche nach einer Lösung zu erleichtern, gibt es eine ganz Palette von Symbolen, die im Text genutzt werden.

Tipp

Dies ist ein Tipp

Information

Dies ist eine Information

Warnung

Dies ist eine Warnung

Über den Autor

 Jörg arbeitet als Trainer, Berater und Software-entwickler für große Unternehmen weltweit. Bauen Sie auf die Erfahrung aus 25 Jahren Arbeit mit Web-Umgebungen und vielen, vielen großen und kleinen Projekten.

Jörg sind vor allem solide Grundlagen wichtig. Statt immer dem neuesten Framework hinterher zu rennen wären viele Entwickler besser beraten, sich eine robuste Grundlage zu schaffen. Wer dies kompakt und schnell lernen will ist hier richtig. Auf seiner Website www.joergkrause.de sind viele weitere Informationen zu finden.

Jörg hat über 40 Titel bei renommierten Fachverlagen in Deutsch und Englisch verfasst, darunter einige Bestseller.

Kontakt zum Autor

Neben der Website können Sie auch direkten Kontakt über www.IT-Visions.de aufnehmen. Wenn Sie für Ihr Unternehmen eine professionelle Beratung zu Web-Themen oder eine Weiterbildungsveranstaltung für Softwareentwickler planen, kontaktieren Sie Jörg über seine Website[1] oder buchen Sie direkt über http://www.IT-Visions.de.

Dr. Holger Schwichtenberg

---

[1]http://www.joergkrause.de

1. Einführung in Express

Express ist die Middleware-Komponente einer Node-Applikation. Damit ist die Vermittlungsschicht zwischen dem Client und dem Backend mit seinen Persistenzfunktionen gemeint. Kernaufgabe ist das Routing.

1.1 Installation

Voraussetzung für Express ist eine funktionierende Node-Umgebung. Liegt diese vor, können Sie eine erste Applikation erstellen. Der hier gezeigte Ablauf stellt Express bereit, die eigentliche Infrastruktur müssen Sie aber manuell erstellen. Im Abschnitt **Applikationsstruktur** finden Sie Informationen, wie der Express-Generator eingesetzt werden kann, um dies zu vereinfachen.

Zuerst wird ein Ordner für die Applikation geschaffen:

```
1    mkdir SimpleApp
2    cd SimpleApp
```

Mit npm init wird dann eine Datei *package.json* erzeugt. Damit werden die Applikation und ihre Abhängigkeiten beschrieben.

```
1    npm init
```

Die Angaben für die Beschreibungsdatei werden im Dialog abgefragt. In den meisten Fällen ist es in Ordnung die Standards zu übernehmen. Drücken Sie also einfach mehrfach ENTER, außer für die Option entry point. Hier geben Sie folgendes ein:

```
1   entry point: app.js
```

Dies bestimmt, dass die Startdatei, also der Beginn der Applikation, *app.js* ist. Sie können natürlich jeden Namen wählen.

Nun wird Express installiert und in die Liste der Abhängigkeiten (Option `--save`) aufgenommen. Fügen Sie gegebenenfalls noch die Option `-g` hinzu, um Express global verfügbar zu machen. Das ist sinnvoll, wenn Sie planen, weitere Projekte mit Node zu entwickeln.

```
1   $ npm install express --save
```

```
● ● ●   joerg@joerg-DevMachine: ~/Apps/Jade
Press ^C at any time to quit.
name: (Jade)
version: (0.0.0)
description: Jade Installation
entry point: (index.js)
test command:
git repository:
keywords:
author: Joerg
license: (BSD-2-Clause)
About to write to /home/joerg/Apps/Jade/package.json:

{
  "name": "Jade",
  "version": "0.0.0",
  "description": "Jade Installation ",
  "main": "index.js",
  "scripts": {
    "test": "echo \"Error: no test specified\" && exit 1"
  },
  "author": "Joerg",
  "license": "BSD-2-Clause"
}

Is this ok? (yes) █
```

Abbildung: Interaktive Installation (Ubuntu)

1.2 Applikationsstruktur

Express liefert eine fertige Applikationsstruktur. Mit der Installation steht nicht nur das Express-Modul bereit, sondern die fertige Ordnerstruktur kann mit nur einem Befehl erstellt werden. Sie müssen dies jedoch nicht nutzen. Es ist durchaus möglich, eine Applikation ganz einfach auf einer einzigen Datei aufbauend zu erstellen.

Bei der Installation im vorherigen Abschnitt wurde bei der Initialisierung gesagt, dass die Startdatei *app.js* lautet. Diese könnte nun folgendermaßen aussehen:

```
1   var express = require('express');
2   var app = express();
3
4   app.get('/', function (req, res) {
5     res.send('Hallo Express!');
6   });
7
8   var server = app.listen(3000, function () {
9     var host = server.address().address;
10    var port = server.address().port;
11
12    console.log('Ich höre  auf http://%s:%s', host, port);
13  });
```

Hier wird zuerst Express selbst eingebunden und mit dem Konstruktor-Aufruf eine Applikation *app* erstellt. Dann wird eine Route festgelegt, sie Stammroute "/". Alle anderen Aufrufe führen zu einem HTTP-Fehler 404 (Nicht gefunden). Dann wird der Endpunkt bestimmt, hier der Port 3000 auf dem lokalen System (Zeile 8). Trifft nun ein HTTP-Request ein, wird die Funktion der passenden Route ausgeführt. Im Beispiel wird dann der Text "Hallo Express!" ausgegeben. HTML gibt dieses Skript noch nicht zurück, dies muss alles separat erledigt werden. Es handelt sich jedoch bereits um eine korrekte HTTP-Kommunikation

Der Express-Generator

Zum Erzeugen einer Applikation kann der Express-Generator eingesetzt werden. Dieser steht als weiteres NPM-Paket zur Verfügung.

```
1  $ npm install express-generator -g
```

Der Generator verfügt über einige Optionen, erzeugt aber auch ohne weitere Angaben eine sinnvolle Umgebung.

Tabelle: Optionen des Express-Generators

Option	Bedeutung
-v, –version	Version
-e, –ejs	EJS-Engine (siehe www.embeddedjs.com)
-hbs	Handlebars-Engine
-H, –hogan	Hogan-Engine (www.hogan.js)
-c, –css [CS]	CSS-Precompiler
-f, –force	Erzwinge Dateien in nicht-leeren Ordnern

Die Standard-Template-Engine ist Jade.

Der CSS-Precompiler kann einer der folgenden sein (Name und in Klammern die zu benutzende Option (option)):

- LESS (less)
- Stylus (stylus)
- Compass (compass)
- SASS (sass)

Ohne Angabe wird einfaches CSS erwartet.

LESS oder SASS

In diesem Werk wird mit LESS (*http://lesscss.org*) gearbeitet. Prinzipiell ist das egal, wenn Sie bereits einen Favoriten haben, nutzen Sie diesen. Wenn beides neu ist, dann werden Sie mit LESS möglicherweise etwas glücklicher am Anfang, da es einfacher und weiter verbreitet ist (das heißt mehr Quellen zum Lernen und weniger Aufwand). Profis greifen dagegen oft zu SASS (*http://sass-lang.com*).

Der Generator erzeugt auch das Stammverzeichnis der Applikation, sodass Sie am besten im übergeordneten Verzeichnis beginnen:

```
1  express PortalApp
2  cd PortalApp
3  npm install
```

Mit dieser Befehlsfolge wird eine Applikation mit dem Namen **PortalApp** im Ordner *PortalApp* erstellt. Nun wird die Applikation im Debug-Modus gestartet:

```
set DEBUG=PortalApp & npm start
```

Die Standardadresse ist *http://localhost:3000*. Der Webserver basiert auf Node und weitere Einstellungen am Betriebssystem sind nicht erforderlich. Sie müssen hier weder IIS noch Apache oder sonst einen Server bereitstellen – es funktioniert, einfach so.

Windows

Unter Windows werden Sockets für HTTP-Kommunikation vom Kernel-Treiber *http.sys* bereitgestellt. Node registriert den Port 3000 dort. Das gelingt nur, wenn der Port frei ist. Es kann also passieren, das Node mit einem ebenfalls installierten und aktiven IIS oder Apache-Webserver kollidiert.

Nur zum Start

Es ist sinnvoll, mit der vom Generator erzeugten Struktur zu beginnen und erst zu einem späteren Zeitpunkt Modifikationen daran vorzunehmen, wenn der Bedarf dafür da ist.

Folgende Struktur entsteht standardmäßig:

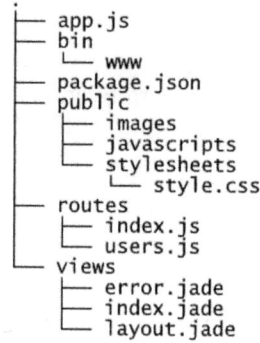

```
├── app.js
├── bin
│   └── www
├── package.json
├── public
│   ├── images
│   ├── javascripts
│   └── stylesheets
│       └── style.css
├── routes
│   ├── index.js
│   └── users.js
└── views
    ├── error.jade
    ├── index.jade
    └── layout.jade
```

Abbildung: Struktur, die der Generator anlegt

1.3 Routing in Node-Applikationen

Das Routing stellt einen Zusammenhang zwischen einem URL und einer ausführenden Instanz (Methode oder Modul) her. Immer wenn eine Applikationen mehr als eine Seite ausliefert, kommt Routing ins Spiel. Das trifft auch auf Single-Page-Applikationen (SPA) zu. Denn beim Stand heutiger Browser sind Sie gut beraten, wenn nicht alles in eine einzige Seite gepresst wird. Das grobe Raster der Applikation ist besser in mehreren serverseitigen Modulen aufgehoben, die ihrerseits jeweils gut als SPA ausgeführt werden können.

Das Routing kommt natürlich zu ganz anderer Bedeutung, wenn keine SPA erstellt wird. Dann geht es praktisch darum, die Auslieferung jeder einzelnen Seite zu steuern. Neben den Seiten ansich kümmert sich das Routing dann auch um die Parameter, die als Teil des URL mitgeliefert werden und den ausführenden Methoden zugeführt werden müssen.

Routing in Express

Wenn mehr Seiten einer Applikation hinzugefügt werden, werden mehr Routen benötigt. Dazu dient der Express Router. Dieser wird hier noch umfassend behandelt. Routen liefern aber nicht nur fertige Seiten aus. Wird ein Teil der Applikation im Single Page-Stil (SPA) entwickelt, nutzen Sie Express, um die Routen für ihre clientseitig programmierten Abrufe zu erstellen. Dies kann beispielsweise mit AngularJS erfolgen. Express bildet dann ein RESTful-Backend für AngularJS ab.

 RESTful

Mit RESTful ist eine vollständig auf REST basierende Schnittstelle gemeint. Es werden also alle typischen Vorgänge in Bezug auf Ressourcen – Lesen, Ändern, Erzeugen und Löschen – über die passenden HTTP-Befehle abgewickelt.

Wenn Sie REST noch nicht kennen, sei das Grundlagenbändchen der Reihe 'Jörgs Webbändchen' empfohlen, das diese Grundlagen behandelt.

Erst die Kombination von serverseitiger Technologie und clientseitigen Elementen macht eine moderne Webapplikation aus.

Der Express Router

Der Express Router ist ein reines Routingmodul ohne viele Extras. Es gibt keine explizite Unterstützung von Views oder vordefinierte Einstellungen. Es gibt aber rudimentäre APIs wie use(), get(), param() und route(). Es gibt verschiedene Möglichkeiten, den Router zu benutzen. Die Nutzung von get() ist dabei nur eine Variante. Die folgende Beispielapplikation nutzt diese und einige andere Techniken. Am Ende des Texts finden Sie eine vollständige Beschreibung der gesamten API.

API

API steht für *Application Programming Interface* und bezeichnet eine klar definierte Schnittstelle, über die Applikationen auf Funktionen einer Bibliothek oder eines Rahmenwerks zugreifen können.

1.4 Eine Beispielapplikation

Die Beispielapplikation verfügt über einige Techniken, die in der Praxis sinnvoll eingesetzt werden können:

- Einfache Routen, z.B. zur Homepage
- Abschnittsweise Routen, z.B. für den Admin-Bereich
- Nutzung der Middleware für die Protokollierung
- Verwendung von Parametern
- Nutzung der Middleware zur Validierung von Parametern
- Implementierung einer Anmeldefunktion mit Unterscheidung von GET und POST
- Validierung eines Parameters für eine bestimmte Route

Nun wurde bereits mehrfach der Begriff Middleware benutzt. Doch um was handelt es sich dabei eigentlich im Zusammenhang mit Express?

Middleware – die Vermittlerschicht

Der Name Middleware ist trefflich gewählt. Die hier platzierten Funktionen werden nach dem Eintreffen der Anfrage vom Client und vor der Weiterleitung zur Beantwortung ausgeführt. Sie haben also maßgeblichen Einfluss auf die Verarbeitung der Anfrage. Eine Anwendung ist die Protokollierung von Anfragen. Diese finden in der Middleware statt, ohne Rücksicht auf die Arbeitsweise der anderen Komponenten – transparent und im Hintergrund.

 Middleware

Middleware (Diensteschicht oder Zwischenanwendung) bezeichnet in der Informatik anwendungsneutrale Programme, die zwischen Anwendungen vermitteln, um die Komplexität dieser Applikationen und ihrer Infrastruktur zu verbergen. Sie können Middleware als eine Art Verteilungsplattform ansehen. Eine Middleware unterstützt die Kommunikation zwischen Prozessen. In Express ist die Middleware der Vermittler zwischen Anfrage und Antwort.

Grundlegende Routen

Die Route zur Homepage wurde bereits definiert. Diese wie alle anderen Routen werden in der Datei *app.js* definiert. Diese Datei ist im Projekt der beste Platz, solange die Anzahl der Routen überschaubar ist. Da bei einer Single-Page-Applikation (SPA) nur das grobe Raster der Routen auf dem Server ausgeführt wird, ist dies in Ordnung. AngularJS kümmert sich dann um die Routen auf der Clientseite und regelt die Abfrage spezifischer Teil-Sichten mittels Parametern.

Definierte Routen reagieren auf spezifische Pfade und HTTP-Verben wie GET, POST, PUT/PATCH oder DELETE. Das funktioniert – mit oder ohne RESTful-Aktionen – solange nur eine Handvoll Routen benötigt werden.

Nun kann es vorkommen, dass doch komplexere Routen erforderlich werden. Komplexe Websites haben nicht nur einen Bereich, sondern auch Backend-Funktionen, Administrationsbereiche, Im- und Export, Reporting und vieles mehr. Jeder Bereich kann über unzählige Routen verfügen.

Vereinfachung der Beispiele

Die folgenden Beispiele senden lediglich einfache Daten anstatt vollständiger Views zurück, um den Code lesbarer zu gestalten. Ersetzen Sie die Rückgaben durch entsprechende View-Aufrufe in der Praxis. Ausgangspunkt ist die Funktion express.Router().

Die Funktion express.Router() realisiert eine Art Mini-Applikation. Sie erzeugen damit eine Instanz des Routers und definieren für diese Instanz einige Routen.

Listing: app.js

```
1   // Die Applikationsinstanz wird gebildet
2   var express = requires('express');
3   var app = express();
4
5   // Eine neue Instanz des Routers wird erstellt
6   var adminRouter = express.Router();
7
8   // Die Admin-Site (http://localhost:3000/admin)
9   adminRouter.get('/', function(req, res) {
10    res.send('Startseite des Admin-Bereichs!');
11  });
12
13  // Die Benutzer-Site (http://localhost:3000/admin/users)
14  adminRouter.get('/users', function(req, res) {
15    res.send('Alle Benutzer anzeigen!');
16  });
17
18  // Die Artikel-Seite (http://localhost:3000/admin/article)
19  adminRouter.get('/article', function(req, res) {
20    res.send('Alle Artikel anzeigen!');
21  }
22
23  // Zuweisen der Routen an die Applikation
24  app.use('/admin', adminRouter);
25
```

```
26   // Der Server
27   var server = app.listen(3000, function() {
28     console.log('Server gestartet');
29   });
```

Die Routen werden quasi isoliert erstellt und dann als Gruppe der Applikation zugewiesen. Die Pfade werden dabei addiert. Der Stammpfad wird durch die Methode use bestimmt. Die Anweisung könnte auch folgendermaßen aussehen:

`app.use('/app', router)`

Solche Miniapplikationen lassen sich mehrfach zuweisen und damit allein gewinnen Sie einiges an Übersichtlichkeit. Logisch getrennte Bereiche, wie beispielsweise Views und REST-API lassen sich nun auch im Quellcode sauber auseinanderhalten.

Die Router-Middleware (router.use())

Generell greift die Middleware *vor* der eigentlichen Verarbeitung ein. Dies ist sinnvoll für eine Reihe von Aufgaben:

- Authentifizierung
- Autorisierung
- Protokollierung
- Cache

 Infrastruktur nutzen!

Vor allem Aufgaben wie die Authentifizierung sollten niemals im Benutzer-Code stattfinden, sondern von der Infrastruktur abgedeckt werden.

Die Definition der Funktionen erfolgt in eben der Reihenfolge wie sie später benutzt werden. Die Einrichtung erfolgt nach der

Erstellung der Applikation und vor dem Zuweisen der Routen. Dass folgende Beispiel zeigt, wie sämtliche Anfragen auf der Konsole ausgegeben werden.

```
1   // Funktion, die auf jede Anfrage reagiert
2   adminRouter.use(function(req, res, next) {
3       // Konsolenausgabe
4       console.log(req.method, req.url);
5       // Weiter mit der regulären Verarbeitung
6       next();
7   });
```

Entscheidend ist der Aufruf der Methode next(). Damit wird Express mitgeteilt, dass die Methode abgearbeitet wurde und mit der regulären Verarbeitung fortgesetzt werden kann. adminRouter.use() definiert die Middleware-Funktion. Die eigentliche Funktionalität ist selbst zu implementieren und damit reines JavaScript.

Die Reihenfolge der Anmeldung der Funktionen bestimmt auch die Reihenfolge der Verarbeitung. Nach der Route ist kein Platz für die Middleware-Funktionen, weil die Verarbeitung der Anfrage dort mit dem Aussenden der Daten endet.

Routen strukturieren

Bisher wurde bereits gezeigt, wie Routen abschnittsweise vergeben werden können. Die Vorgehensweise ist bei den meisten Projekten ähnlich. Die Startseite mit ihren wichtigsten Links ist ein Bereich, die Administration ein anderer. Eine API – RESTful oder nicht – sollte immer separat geführt werden. Damit haben Sie genug Spielraum, um bei Erweiterungen nicht die Übersicht zu verlieren. Die Festlegung der Bereiche sieht dann so aus:

```
1  app.use('/', basicRoutes);
2  app.use('/admin', adminRoutes);
3  app.use('/api', apiRoutes);
```

Routen mit Parametern (/hello/:id)

Der Aufruf einer Seite alleine reicht meist nicht aus. Werden Daten aus Datenbanken abgerufen, müssen Parameter übertragen werden. Der Aufbau der URL ist nahezu beliebig. Sie müssen allerdings die Grenzen von HTTP beachten. Die Länge einer URL ist auf 2000 Zeichen begrenzt. Außerdem lädt eine komplexe URL zum Spielen ein, die Angaben sind bei den meisten Browsern klar sichtbar und leicht zu manipulieren. Je komplexer die URL desto höher ist der Aufwand für die Validierung der Parameter.

Wenn Sie Daten aus Datenbanken abrufen, bietet es sich an alle Abrufe auf den Primärschlüssel zu beschränken. Das führt in der Geschäftslogik möglicherweise dazu, das Daten aus verbundenen Tabellen oder Dokumenten erneut geladen werden. Im Ausliefern solcher Anfragen sind Datenbanken aber richtig gut und die Vereinfachung bei der Gestaltung des Servercodes ist fast immer wertvoller. Nennen Sie ihren primären Parameter dann konsequenterweise immer *id.*

In der Beschreibung der Route werden Parameter mit einem Doppelpunkt eingeleitet:

```
1  adminRouter.get('/users/:id', function(req, res) {
2    res.send('Benutzer-ID: ' + req.params.id + '!');
3  });
```

Der Router erkennt dies und überträgt die Werte in ein Objekt mit dem Namen *params*, das Teil des Anforderungsobjekts *req* ist. Dort stehen die Parameter als Eigenschaften zur Verfügung. Die URL für dieses Beispiel sieht folgendermaßen aus:

http://localhost:3000/admin/users/123

Der Pfad-Abschnitt *admin* wurde im Router selbst definiert, der spezifische Pfad legt *user* fest und *123* wird an die Eigenschaft *id* übergeben. Der Doppelpunkt dient der Erkennung und ist nicht Teil des Pfades.

Durch die hohe Anfälligkeit für Manipulationen müssen Parameter immer validiert werden. An dieser Stelle kommt wieder die Middleware-Schicht ins Spiel. Sie stellt eine Methode param() zur Verfügung, der die Parameter übergeben werden, bevor sie der Verarbeitung zugeführt werden.

Router-Middleware für Parameter (.param)

Die Funktion param() bildet die Parameter für eine bestimmte Route ab. Auch dieser Aufruf muss vor der Abarbeitung der Anforderung stehen. Innerhalb der Funktion können dann die Parameter untersucht, modifiziert oder sonstwie behandelt werden.

Das folgende Beispiel zeigt, wie der Parameter *id* geprüft wird:

```
1   adminRouter.param('id', function(req, res, next, name) {
2     console.log('Validierung für ID ' + id);
3     var id = Number(req.params.id);
4     if (!id){
5       // Fehlerbehandlung
6     } else {
7       // Ablage des geprüften Wertes
8       req.id = id;
9       // Weiter mit Verarbeitung
10      next();
11    }
12  });
13
14  adminRouter.get('/users/:id', function(req, res) {
15    res.send('ID: ' + req.id + '!');
16  });
```

Eine gültige URL ist hier:

http://localhost:3000/admin/users/123

Wie die Fehlerbehandlung hier aussieht, hängt wieder von der Aufgabenstellung ab. Eine Website für (menschliche) Benutzer verlangt sicher andere Reaktionen als eine RESTful-API, die möglichweise auf technische Fehler reagieren muss.

Mehrere Routen (app.route())

Die Funktion app.route() ist ein direkter Aufruf des Routers und entspricht dem Aufruf express.Router(). Die Funktion verfügt aber außerdem über die Möglichkeit mehrere Routen in einem Schritt zu erstellen und mehrere Aktionen über eine Route abzubilden. Das letzte vermeidet, dass bei hunderten Aktionen ebenso viele Routen erstellt werden müssen.

Im folgenden Beispiel wird eine Route */login* definiert. Auf diese reagieren zwei Methoden. Einmal wird das Verb GET ausgewertet, einmal POST.

```
1  app.route('/login')
2    .get(function(req, res) {
3      res.send('Das Anmeldeformular.');
4    })
5    .post(function(req, res) {
6      console.log('Anmelden');
7      res.send('Anmeldung verarbeitet!');
8    });
```

app ist im Beispiel das zentrale Applikationsobjekt und die Definition erfolgt überlicherweise in der Datei *app.js*.

Die Vorgehensweise ist typisch für alle Arten von Formularen. Wird die Seite im Browser mit *http://localhost:3000/login* aufgerufen, erzeugt der Browser eine GET-Anfrage. Der Benutzer sieht das Formular und füllt es aus. Er sendet es dann mit der Sende-Schaltfläche (submit) ab. Der Browser erstellt nun eine POST-Anfrage und fügt die Formulardaten an.

 Wo ist das HTML?

Im Beispiel wird das benötigte HTML nicht gezeigt, um das Listing klein zu halten. Schreiben Sie einfach ein Standardformular mit HTML – es gibt keine Besonderheiten für die Verarbeitung mit Express.

Man spricht nun von Aktionen einer Route. Im letzten Beispiel waren es zwei Aktionen. Eine RESTful-API könnte noch auf weitere Verben mit derselben Route reagieren.

2. Die API-Referenz

Die folgende Referenz erklärt systematisch die Funktionen des Express-Moduls. Sie entspricht weitgehend der Original-Dokumentation, ergänzt um weitere Beispiele und Hintergrundinformationen.

2.1 Das Basisobjekt

Der Aufruf `express()` erzeugt eine Express-Applikation. Dies ist die Modulfunktion, die vom Express-Modul exportiert wurde.

```
1  var express = require('express');
2  var app = express();
```

Das Objekt `express` verfügt über weitere Methoden.

Methode static des Basisobjekts

Die folgende Syntax hat diese Methode:

`express.static(root, [options])`

Dies ist eine Middleware-Funktion. Es ist die einzige, die Sie nicht selbst erstellen müssen. Diese Methode definiert Stammpfade zu Ordnern, in denen statische Dateien liegen. Dies betrifft CSS-, JavaScript-, oder Bilddateien. Damit vermeiden Sie, für solche Elemente eigene Routen bauen zu müssen.

`root` zeigt auf den Ordner, dessen Inhalt bereitgestellt werden soll. Das Verhalten lässt sich mittels Optionen beeinflussen:

Tabelle: Optionen der Funktion static

Property	Beschreibung	Typ	Standard
dotfiles	Dateien, die mit Punkt beginnen. Erlaubt Werte: "allow", "deny", "ignore"	String	"ignore"
etag	"etag" erzeugen	Boolean	true
extensions	Fallback für Dateierweiterungen	Boolean	false
index	Index-Datei für Verzeichnisauflistung oder false zum Abschalten der Liste	Mixed	"index.html"
lastModified	Setzt den Header "Last-Modified" auf das Dateidatum des Betriebssystems	Boolean	true
maxAge	Setzt "max-age" des Headers "Cache-Control" in Millisekunden oder eine Zeichenfolge der Art "0ms"	Number	0
redirect	Umleitung zum Stammpfad "/" wenn der Pfad ein Verzeichnis ist	Boolean	true
setHeaders	Funktion zum Setzen der HTTP-Header beim Senden der Datei	Function	

Folgende Beispiele zeigen, wie static benutzt werden kann. Hier werden CSS-Dateien in einem Ordner */public* erwartet:

```
1  // GET /style.css etc
2  app.use(express.static(__dirname + '/public'));
```

Hier wird der Pfad *static* verbunden, um Dateien aus dem internen Ordner *public* zu laden:

```
1   // GET /static/style.css etc.
2   app.use('/static', express.static(__dirname + '/public'));
```

Durch Aufrufen des Protokoll-Objekts direkt nach der Vereinbarung der statischen Route wird die Protokollierung für statische Dateien ausgeschaltet:

```
1   app.use(express.static(__dirname + '/public'));
2   app.use(logger());
```

Wenn Sie die statischen Dateien auf mehrere Ordner verteilen, erfolgt der Aufruf von use mehrfach. Die Reihenfolge bestimmt die Suchstrategie:

```
1   app.use(express.static(__dirname + '/public'));
2   app.use(express.static(__dirname + '/files'));
3   app.use(express.static(__dirname + '/uploads'));
```

 __dirname

Node stellt eine globale Variable mit dem Namen __dirname zur Verfügung. Diese zeigt immer auf den Pfad, in dem die gerade ausgeführte JavaScript-Datei liegt. So wird der lokale Bezug gebildet. ./, was oft vergleichbar benutzt wird, zeigt auf den Pfad, in dem Node ausgeführt wird. Das kann, muss aber nicht identisch sein. Benutzen Sie für Verweise innerhalb der Applikationsstruktur immer __dirname.

2.2 Die Applikation

Das Erstellen der Applikation findet auf oberster Ebene statt. Üblich ist die Erstellung eines Objekts mit dem Name *app*.

```
1   var express = require('express');
2   var app = express();
3
4   app.get('/', function(req, res){
5     res.send('hello world');
6   });
7
8   app.listen(3000);
```

Das *app*-Objekt hat Methoden für folgende Aufgaben:

- Routing
- Konfiguration der Middleware
- Rendern von Views
- Registrierung bestimmter View-Engines (z.B. Jade)

Das app-Objekt hat außerdem Eigenschaften für die Konfiguration.

Die Eigenschaften des Applikations-Objekts

app.locals

app.locals definiert lokale Variablen spezifisch für die Applikation und dauerhaft verfügbar. Beispiele:

- app.locals.title: Könnte der Titel der Anwendung sein
- app.locals.email: Könnte die E-Mail des Administrators sein

Der Zugriff auf diese Variablen kann von überall her erfolgen. Die Daten sind JavaScript-Objekte, sodass hier maximale Flexibilität vorliegt.

```
1   app.locals.title = 'Meine App';
2   app.locals.strftime = require('strftime');
3   app.locals.email = 'me@myapp.com';
```

app.mountpath

Die Eigenschaft app.mountpath bestimmt das Muster des Pfades in
dem sich eine untergeordnete Applikation befindet. Damit wird das
Routing untergeordneter Applikationsteile gesteuert.

```
1   var express = require('express');
2
3   var app = express();     // Hauptapplikation
4   var admin = express();   // Unterapplikation
5
6   admin.get('/', function (req, res) {
7     console.log(admin.mountpath); // Ausgabe des Stammpfades
8     res.send('Admin Homepage');
9   })
10
11  // Bestimmen des Stammpfades der Unterapplikation
12  app.use('/admin', admin);
```

Die Benutzung der Methode app.use sorgt für die Verknüpfung von
Applikation und Router. Innerhalb der Applikation selbst können
Sie dann auf diese Pfade zurückgreifen, um beispielsweise relative
Referenzen aufzulösen. Das ist vergleichbar mit der Eigenschaft
baseUrl des Anforderungsobjekts req.

Sollte die Unterapplikation auf mehrere Pfade (durch Pfadmuster)
reagieren, gibt app.mountpath eine Liste dieser Pfade zurück (in
Form eines JavaScript-Arrays).

```
 1   var admin = express();
 2
 3   admin.get('/', function (req, res) {
 4     console.log(admin.mountpath); // [ '/adm*n', '/manager' ]
 5     res.send('Admin Homepage');
 6   })
 7
 8   var secret = express();
 9   secret.get('/', function (req, res) {
10     console.log(secret.mountpath); // /secr*t
11     res.send('Admin Secret');
12   });
13
14   // Lade den Router 'secret' mit dem Pfad '/secre*'
15   // für die Unterapplikation admin
16   admin.use('/secre*', secret);
17
18   // Lade den Router 'admin' mit den Pfaden '/adm*' und '/manag\
19   er'
20   // für die Hauptapplikation
21   app.use(['/adm*', '/manager'], admin);
```

Prinzipiell werden reguläre Ausdrücke verarbeitet, wenn komplexe Routen definiert werden. In JavaScript schreiben Sie diese in der Literal-Schreibweise:

```
/\/adm(.*)/
```

Der Schrägstrich muss dabei maskiert werden \/. Wenn Sie Routen in Zeichenketten angeben, werden einige Sonderzeichen abgefangen und in passende reguläre Ausdrücke konvertiert. Folgende Sonderzeichen sind erlaubt:

- *: Null oder beliebig viele Zeichen
- +: Ein oder beliebig viele Zeichen
- ?: Ein oder kein Zeichen
- ( ): Gruppe, auf die *, + oder ? angewendet werden kann

Bei Zeichenketten haben die Zeichen . (Punkt) und - (Minus) keine besondere Bedeutung, sondern werden Teil des Pfades.

```
1   // Der feste Pfad /abcd
2   app.get('/abcd', function(req, res) {
3     res.send('abcd');
4   });
5
6   // Ein Pfad /acd oder auch /abcd
7   app.get('/ab?cd', function(req, res) {
8     res.send('ab?cd');
9   });
10
11  // Der Pfad /abbcd
12  // ('b' kann wiederholt werden)
13  app.get('/ab+cd', function(req, res) {
14    res.send('ab+cd');
15  });
16
17  // Der Pfad /abxyzcd
18  // (zwischen 'b' und 'c' ist alles erlaubt)
19  app.get('/ab*cd', function(req, res) {
20    res.send('ab*cd');
21  });
22
23  // Der Pfad /abe oder auch /abcde passt
24  // ('cd' ist optional)
25  app.get('/ab(cd)?e', function(req, res) {
26    res.send('ab(cd)?e');
27  });
```

 ## Reihenfolge beachten

Achten Sie darauf, das schwache Routen mit Platzhaltern zuletzt definiert werden. Sonst fangen diese alle Anfragen ab und konkrete Routen werden nie erreicht.

Interessant sind Kombinationen mit Parametern. Hier wird im Pfad ein intuitiv benutzbarer Bereich "von-bis" definiert (z.B. */route/12-23*):

```
1  app.get('/route/:from-:to', function(req, res) {
2    res.send(req.params.from + ' to ' + req.params.to);
3  });
```

Ebenso lassen sich Parameter leicht optional machen (Zeile 1):

```
1  app.get('/feed/:format?', function(req, res) {
2    if (req.params.format) {
3      res.send('format: ' + req.params.format);
4    }
5    else {
6      res.send('default format');
7    }
8  });
```

Das Fragezeichen macht den gesamten Parameter optional. Die Abfrage im Code reagiert darauf (der Wert ist undefined und dies ist in JavaScript false).

Reguläre Ausdrücke können freilich noch mehr. Die folgende Route reagiert auf *pineapple, redapple, redaple, aaple* aber nicht auf *apple* und *apples*:

```
1  app.get(/.+app?le$/, function(req, res) {
2    res.send('/.+ap?le$/');
3  });
```

Reguläre Ausdrücke in Routen

Wenn Sie keinen triftigen Grund haben, reguläre Ausdrücke zu benutzen, dann bleiben Sie bei der Zeichenkettenschreibweise. Einfachere Routen sind auf Dauer besser beherrschbar und oft ausreichend – für die Dynamik sind Parameter zuständig. Sollten Sie jedoch jemals reguläre Ausdrücke einsetzen, dann benutzen Sie unbedingt die Literal-Schreibweise //.

Ereignisse

In Express können Sie dynamisch auf einige Vorgänge reagieren, die während der Initialisierung stattfinden. Dadurch lassen sich Programmteile wie die bereits erwähnten Haupt- und Unterapplikationen einfacher trennen.

app.on('mount', callback(parent))

Dieses Ereignis tritt auf, wenn eine Unterapplikation an eine Hauptapplikation gebunden wird. Die übergeordnete Applikation wird dann als Parameter übergeben.

```
1   var admin = express();
2
3   admin.on('mount', function (parent) {
4     console.log('Admin Gebunden');
5     console.log(parent); // Übergeordnete App
6   });
7
8   admin.get('/', function (req, res) {
9     res.send('Admin Homepage');
10  });
11
12  // Dieser Aufruf löst das Ereignis aus
13  app.use('/admin', admin);
```

Methoden auf Applikationsebene

Einige weitere Methoden stellen grundsätzliche Funktionen bereit.

app.all

Diese Methode nimmt eine Anfrage entgegen und reagiert auf alle HTTP-Verben. Die Benutzung globaler Methoden erleichtert erheblich den Aufbau flexibler Schnittstellen und vermeidet unnütz komplexe Routen. Kombinieren Sie diese Methode mit einem universellen Pfadmuster wie *, um allgemeine Aufgaben auf allen Anfragen auszuführen. Dabei ist es wichtig zu verstehen, das reguläre Anfragen (anstatt der Nutzung der Middleware) durchaus als Intermediäre arbeiten können. Die Anfrage muss nicht zwingend mit einem Ergebnis enden, sie kann auch weitergereicht werden.

```
1   app.all('*', requireAuthentication, loadUser);
```

Die Parameter *requireAuthentication* und *loadUser* werden nacheinander ausgeführt. Derselbe Aufruf könnte auch folgendermaßen aussehen:

```
1   app.all('*', requireAuthentication)
2   app.all('*', loadUser);
```

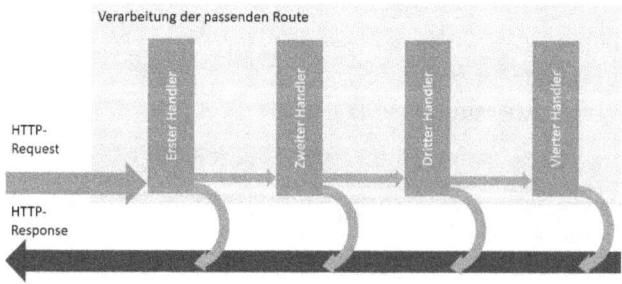

Abbildung: Mehrere Callback-Handler

Der Unterschied ist lediglich stilistischer Natur. Wenn Sie die Rück-rufmethoden direkt im Parameter schreiben, ist die zweite Variante übersichtlicher:

```
1  app.all('*', function(req, res) {
2    // Aktion ausführen
3  });
```

Ebenso lassen sich komplexere Muster für Pfade erstellen, um global nur bestimmte Strukturen für die URL zuzulassen. Sollen alle Pfade mit */api* starten, eignet sich folgende Definition:

```
1  app.all('/api/*', requireAuthentication);
```

app.delete

Diese Methode reagiert auf das HTTP-Verb DELETE. Es wird zum Löschen einer Ressource benutzt. Es kommt üblicherweise nur im Zusammenhang mit JavaScript-Clients vor, die DELETE senden können. Browser alleine können dies nicht.

 Mehrere Methoden

Sie können mehrere Methoden für dieselbe Route nutzen. Diese werden immer nacheinander ausge-führt. Vergleichbare Methoden der Middleware ver-halten sich ähnlich, können jedoch die weiteren Ver-arbeitungsschritte übergehen.

```
1  app.delete('/', function (req, res) {
2    res.send('DELETE request to homepage');
3  });
```

app.disable(name)

Diese Methode setzt eine Eigenschaft der zentralen Optionen auf
false. Der Aufruf app.set('foo', false) führt zum selben Ergebnis.

```
1   app.disable('trust proxy');
2   app.get('trust proxy');
```

Nach diesem Aufruf ergibt der Wert false.

app.disabled(name)

Diese Methode prüft, ob eine Option deaktiviert wurde.

```
1   app.enable('trust proxy');
2   app.disabled('trust proxy');
```

Da zuerst eine Aktivierung erfolgte, ergibt der zweite Aufruf true.

- **app.enable(name)**
  Diese Methode setzt eine Eigenschaft der zentralen
  Optionen auf true. app.set('foo', true) führt zum
  selben Ergebnis.

```
1   app.enable('trust proxy');
2   app.get('trust proxy');
```

Da zuerst eine Aktivierung erfolgte, ergibt der zweite Aufruf true.

app.enabled(name)

Diese Methode prüft, ob eine Option aktiviert wurde.

```
1  app.enable('trust proxy');
2  app.enabled('trust proxy');
```

Da zuerst eine Aktivierung erfolgte, ergibt der zweite Aufruf true.

app.engine(ext, callback)

Diese Methode registriert eine View-Engine. Diese ist dafür zuständig, das spezielle Format in den Views in gültiges HTML zu übersetzen. Standardmäßig findet Express die passende Engine automatisch anhand der Dateierweiterung der View-Datei. Ist der Name der View-Datei beispielsweise *index.jade* wird implizit die Jade-Engine benutzt. Das Ergebnis wird gecacht, sodass der Ermittlungsvorgang nicht stört.

Eine explizite Definition sieht folgendermaßen aus:

```
1  app.engine('jade', require('jade').__express);
```

Der Aufruf der Anmeldemethode muss nicht immer __express sein. Der Aufruf könnte auch so aussehen:

```
1  app.engine('html', require('ejs').renderFile);
```

Das Modul "EJS" bietet eine Methode renderFile zum Verarbeiten der View. Der Aufruf ist jedoch nur notwendig, weil in diesem Beispiel die Dateierweiterung *html* benutzt wird und nicht der Standard *ejs* für die EJS-Engine.

Einige Engines halten sich jedoch nicht an die Aufrufkonventionen. Dafür gibt es die Bibliothek *consolidate.js* die eine Übersetzung der Express-typischen Aufrufe in die der jeweiligen Engine vornimmt:

```
1   var engines = require('consolidate');
2   app.engine('haml', engines.haml);
3   app.engine('html', engines.hogan);
```

Welche Engine?

Aufgrund der Einfachheit und weiten Verbreitung wird in dieser Serie von Texten als Standard-Engine immer JADE benutzt.

app.get(name)

Dieses Form des Aufrufs gibt eine Einstellung zurück.

```
1   app.get('title');
2
3   app.set('title', 'Mein StartUp');
4   app.get('title');
```

Hier wurde zuerst (Zeile 1) undefined erzeugt, weil *title* noch nicht gesetzt ist. Nach der Zuweisung mit set (Zeile 2) wird dann der Text "Mein StartUp" ausgegeben (Zeile 3).

Vorsicht mit get

Verwechseln Sie diese Syntax nicht mit der Nutzung von get als Aktion.

app.get

Diese Methode reagiert auf Anfragen mit dem HTTP-Verb GET. Wird über die angegebene Route eine solche Anfrage empfangen, werden die Rückrufmethode nacheinander ausgeführt.

Mehrere Methoden

Sie können mehrere Methoden für dieselbe Route nutzen. Diese werden immer nacheinander ausgeführt. Vergleichbare Methoden der Middleware verhalten sich ähnlich, können jedoch die weiteren Verarbeitungsschritte übergehen.

```
1  app.get('/', function (req, res) {
2    res.send('GET-Anfrage empfangen');
3  });
```

app.listen

Diese Methode bindet einen Port und beginnt dann an diesem zu lauschen. Der Aufruf ist eine Abkürzung für die Node-Methode listen() und entspricht dort http.Server.listen().

```
1  var express = require('express');
2  var app = express();
3  app.listen(3000);
```

Die Applikation, die Express erstellt, ist im Kern eine Funktion, die an Node übergeben wird. Node betrachtet diese als Rückrufmethoden und ruft sie bei eintreffenden Anfragen auf. So gelangen die Daten von Node nach Express. Da es sich lediglich um eine Rückrufmethode handelt, kann das Applikationsobjekt mehrfach benutzt werden. Im folgende Beispiel erfolgt die Bindung doppelt, einmal für HTTP und einmal für HTTPS:

```
1   var express = require('express');
2   var https = require('https');
3   var http = require('http');
4   var app = express();
5
6   http.createServer(app).listen(80);
7   https.createServer(app).listen(443);
```

Die folgende Variante definiert den Server implizit über this:

```
1   app.listen = function() {
2     var server = http.createServer(this);
3     return server.listen.apply(server, arguments);
4   };
```

Weitere Varianten sind in der Dokumentation zu Node.js zu finden oder in Jörgs Webbändchen zu Node.

Weitere Methoden

Wie in den vorangegangenen Beispielen bereits gezeigt, reagiert Express auf HTTP-Verben durch eine passende Methode. Prinzipiell stehen alle theoretisch denkbaren HTTP-Verben als Methode zur Verfügung. Während in HTTP die Verben immer in Großbuchstaben stehen, sind diese als JavaScript-Methode immer in Kleinbuchstaben. Das HTTP-Verb HEAD wird also von der Methode app.head() verarbeitet.

Express kennt die folgenden Methoden:

- checkout: Für WebDAV zum Sperren einer Ressource
- connect: Aufbau der Verbindung
- copy: Für WebDAV zum Duplizieren einer Ressource
- delete: Löscht eine Ressource auf dem Server

- `get`: Reguläre Anforderung einer Ressource ohne Nutzlast in der Anfrage
- `head`: wie `get`, der Client erwartet aber nur Kopfzeilen zurück
- `lock`: Für WebDAV zum Blockieren einer Ressource
- `merge`: Für REST das Verbinden von Daten
- `mkactivity`: Für WebDAV zum Anlegen einer Aktivität
- `mkcol`: Für WebDAV zum Erzeugen einer Kollektion
- `move`: Für WebDAV zum Verschieben einer Ressource
- `m-search`: Suche nach Ressourcen
- `notify`: Benachrichtung
- `options`: Zum Ermitteln von Optionen und Anforderungen des Servers
- `patch`: Ändern eines Teils einer Ressource
- `post`: Reguläre Anforderung einer Ressource mit Nutzlast in der Anfrage. Erzeugt einen neuen Datensatz bei REST (insert)
- `propfind`: Für WebDAV zum Ermitteln einer Ressource
- `proppatch`: Für WebDAV zum Suchen und Ändern einer Ressource
- `purge`: Endgültiges Entfernen einer Ressource
- `put`: Nur für REST; enthält eine Nutzlast und ändert eine Ressource (update)
- `report`: Bericht über die Struktur einer Ressource
- `search`: Für WebDAV zum Suchen nach einer Ressource
- `subscribe`: Für WebDAV zum Verbinden mit einer Ressource
- `trace`: Loop back auf dem Server zum Verfolgen der Verarbeitung
- `unlock`: Für WebDAV zum Freigeben einer blockierten Ressource
- `unsubscribe`: Für WebDAV zum Aufheben der Verbindung mit einer Ressource

Namen, die keine gültige Schreibweise in JavaScript ergeben, lassen sich über die Klammerschreibweise erreichen:

```
1  app['m-search']('/', function ....
```

 ## Über den Sinn oder Unsinn vieler Verben

Es gibt einige Kritik an der Komplexität und Vielfalt der Verben. Zumal einige durch spezielle Erweiterungen wie WebDAV oder CalDAV hinzukamen. Es gibt durchaus komplexe Applikationen, die lediglich auf GET und POST basieren. Darüberhinaus ist die Implementierung teilweise komplex, denn jedes der Verben kann viele verschiedene Statuscodes zurückgeben und zur Kommunikation werden teilweise umfassende XML-Strukturen erwartet. Gehen Sie nach dem K.I.S.S.-Prinzip vor und implementieren Sie nur Verben, die auch wirklich benötigt werden. Diese sollten Sie dann allerdings wirklich standardkonform nutzen.

Sinnvolle Verben für Browser sind:

- GET: Daten vom Server holen
- POST: Daten an den Server senden

Sinnvolle Verben für REST sind:

- GET: Ressource lesen
- POST: Ressource erzeugen
- PUT: Ressource ändern
- PATCH: Teile einer Ressource ändern
- DELETE: Ressource entfernen

Jede Methode verarbeitet mehrere Rückrufmethoden, die als einzelne Parameter angegeben werden. Diese Methoden verarbeiten drei Parameter:

- req: Die Anforderung (request)
- res: Die Antwort (response)
- next: Eine Methode, die aufgerufen wird, um die Verarbeitung fortzusetzen

Die Namen der Parameter sind willkürlich, die gezeigten Namen haben sich allerdings wegen der Kürze und Einprägsamkeit bewährt.

```
1  app.all('/secret', function (req, res, next) {
2    console.log('Geheime Funktion aufgerufen ...')
3    next(); // Weiter geht's...
4  });
```

```
1  app.post('/', function (req, res) {
2    res.send('POST Anfrage');
3  });
```

```
1  app.put('/', function (req, res) {
2    res.send('PUT Anfrage');
3  });
```

app.param

Diese Methode fügt für bestimmt Parameter, die Teil einer Route sind, Rückruffunktionen hinzu. Die Methoden verarbeitet vier Parameter:

- req: Die Anforderung (request)
- res: Die Antwort (response)
- next: Eine Methode die aufgerufen wird, um die Verarbeitung fortzusetzen
- param: Der Parameterwert

Falls nun in einer Route ein Parameter mit dem Namen :user gefunden wird, würde die Rückrufmethode darauf reagieren, **bevor** die eigentliche Aktion der Route ausgeführt wird.

```
1  app.param('user', function(req, res, next, id) {
2
3    // Fiktives "User"-Objekt
4    User.find(id, function(err, user) {
5      if (err) {
6        next(err);
7      } else if (user) {
8        req.user = user;
9        next();
10     } else {
11       next(new Error('failed to load user'));
12     }
13   });
14 });
```

Die Behandlung der Parameter ist lokal für den Router, wo sie definiert wurden. Die Parameter werden nicht über verbundene Applikationsteile vererbt. Die Rückrufmethode wird nur einmal innerhalb eines Anforderungs-Antwort-Zyklus aufgerufen, auch wenn der Parameter von mehreren Routen benutzt wird.

```
1  app.param('id', function (req, res, next, id) {
2    console.log('Einmal nur aufgerufen');
3    next();
4  })
5
6  app.get('/user/:id', function (req, res, next) {
7    console.log('Dies wird auch erreicht');
8    next();
9  });
10
11 app.get('/user/:id', function (req, res) {
12   console.log('Und hier ebenso');
13   res.end();
14 });
```

Der letzte Teil beendet die Anfrage endgültig.

app.render

Diese Methode dient dem Rendern einer View. Der Name der View kann ohne Dateierweiterung angegeben werden. Der Parameter local ist optional und wird benutzt, um der View lokale Variablen zu übergeben. Das fertig gerenderte HTML wird über die Rückruffunktion ausgegeben.

Es gibt eine lokale Vaiable mit dem Namen cache, die dafür sorgt, dass die View zwischengespeichert wird. Zur Entwurfszeit ist diese false, zur Produktionszeit dagegen true. Setzen Sie den Wert selbst, um ein anderes Verhalten zur Entwurfszeit zu erreichen.

```
1  app.render('email', function(err, html) {
2    // ...
3  });
```

Es wird eine View mit dem Namen *email.jade* geladen (wenn Jade benutzt wird). Dann wird diese gerendert. In der Rückruffunktion enthält html die gerenderte View als Zeichenkette. Diese kann dann an den Server übergeben werden, damit er sie weiter an den Client ausliefert.

Der Aufruf von res.render() in den Aktionen des Routers ruft intern app.render() auf.

Lokale Variablen für die View können als Objekt übergeben werden:

```
1  app.render('email', { name: 'Joerg' }, function(err, html){
2    // ...
3  });
```

app.route(path)

Mit dieser Methode wird ein einzelnes Route-Objekt zurückgegeben. Mit diesem können HTTP-Verben behandelt werden – mit oder ohne Middleware. Durch die Verwendung von Objekten können Sie Tippfehler in Zeichenketten vermeiden.

```
1    var app = express();
2
3    app.route('/events')
4      .all(function(req, res, next) {
5         // alle Verben
6      })
7      .get(function(req, res, next) {
8         // nur GET
9         res.json(...);
10     })
11     .post(function(req, res, next) {
12        // nnur POST
13     });
```

app.set(name, value)

Diese Methode setzt Eigenschaften für die Applikation.

```
1    app.set('title', 'Mein StartUp');
2    app.get('title');
```

Die folgende Tabelle beschreibt die verfügbaren Eigenschaften.

Tabelle: Eigenschaften

Eigenschaft	Typ	Beschreibung	Standard
case sensitive routing	Boolean	Großschreibung in Routen	false
env	String	Umgebungsmodus NODE_- ENV oder "development"	process.env.NODE_-ENV
etag	Varied	ETag Header	
jsonp callback	String	JSONP callback name	?callback=

Tabelle: Eigenschaften

Eigenschaft	Typ	Beschreibung	Standard	
json replacer	String	JSON replacer callback	null	
json spaces	Number	Einrückung in JSON	Keine	
query parser	String	"simple" oder "extended"	"simple" = Node; "extendend" = "qs"	
strict routing	Boolean	Striktes Routing	`false`	
subdomain offset	Number	Punkte in Subdomain-Pfad	2	
trust proxy	Varied	Siehe unten	`false`	
views	String	Array	Ordner mit Views	process.cwd() + '/views'
view cache	Boolean	Compiler-Cache	true in der Produktion	
view engine	String	Engine für Views		
x-powered-by	Boolean	"X-Powered-By: Express"	`true`	

Bei den Routen wird Groß- und Kleinschreibung nicht unterschieden. Wird jedoch der Wert *case sensitive routing* auf `true` gesetzt, sind "/Foo" und "/foo" nicht mehr dasselbe. Bei *strict routing* wird der abschließende – theoretisch wirkungslose – Schrägstrich nicht ignoriert, wenn der Wert auf `true` steht; "/foo" und "/foo/" sind dann nicht dasselbe.

`trust proxy` ist standardmäßig ausgeschaltet. Wenn es aktiviert wurde, versucht Express die IP-Adresse des Clients durch den Proxy zu bestimmen. Die Eigenschaft `req.ips` enthält danach ein Array mit IP-Adressen über die der Client verbunden ist. Das Paket,

indem diese Implementierung steckt, heißt *proxy_addr*. Weitere
Informationen sind in der Dokumentation dieses Pakets zu finden.

Die Optionen für trust proxy-Einstellungen sind folgende:

- Boolean: Mit true wird die IP-Adresse des Clients als am wei-
  testen links stehender Teil der "X-Forwarded-*"-Kopfzeilen
  verstanden. Mit false wird angenommen der Client ist direkt
  mit dem Internet verbunden und die IP-Adresse stammt aus
  eq.connection.remoteAddress. Dies ist die Standardeinstel-
  lung.
- IP-Adresse: Eine IP-Address, ein Subnetz oder ein Array aus
  IP-Adressen und Subnetzen denen vertraut wird. Einige sind
  bereits vorkonfiguriert:
  - *loopback* – 127.0.0.1/8, ::1/128
  - *linklocal* – 169.254.0.0/16, fe80::/10
  - *uniquelocal* – 10.0.0.0/8, 172.16.0.0/12, 192.168.0.0/16,
    fc00::/7

Setzen Sie die IP-Adresse folgendermaßen:

```
1  // Einfaches Subnetz
2  app.set('trust proxy', 'loopback')
3  // Subnetz und Adresse
4  app.set('trust proxy', 'loopback, 8.8.8.8')
5  // Mehrere Subnetze
6  app.set('trust proxy', 'loopback, linklocal, uniquelocal')
7  // Mehrere Subnetze als Array
8  app.set('trust proxy', ['loopback', 'linklocal', 'uniquelocal\
9  '])
```

Wenn angegeben, werden die Adressen und Subnetze von der
Adressauswertung ausgeklammert und die nicht vertrauten Adres-
se, die am dichtesten am Server ist wird als die IP-Adresse des
Clients erfasst.

- Number: Vertraue dem n-ten Hop vom Proxy zum Client.
- Function: Eine eigene Implementierung mittels Callback-Funktion.

```
1  app.set('trust proxy', function (ip) {
2      if (ip === '127.0.0.1' || ip === '123.123.123.123') retur\
3  n true; // trusted IPs
4      else return false;
5  })
```

Die Optionen für etag-Einstellungen sind ebenso vielfältig:

- Boolean: true erlaubt ein schwaches ETag. Dies ist der Standard. false schaltet das ETag ganz ab.
- String: Wenn der Wert "strong" benutzt wurde, schaltet dies ein starkes ETag ein. "weak" erzeugt wieder ein schwaches ETag.
- Function: Eine eigene Implementierung mittels Callback-Funktion.

ETag

Das ETag (entity tag, dt. Entitätsmarke) ist ein im HTTP 1.1 eingeführtes Kopfzeilen-Feld. Es dient zur Bestimmung von Änderungen an der angeforderten Ressource und wird hauptsächlich zum Caching, also der Vermeidung redundanter Datenübertragungen, verwendet. Mehr dazu finden Sie in den Grundlagentexten zu HTTP in 'Jörgs Webbändchen'.

```
1  app.set('etag', function (body, encoding) {
2    return generateHash(body, encoding); // consider the functi\
3  on is defined
4  })
```

app.use

Mit dieser Methode werden Middleware-Funktionen einer Route
hinzugefügt. Wird der Pfad nicht angegeben, wird die Wurzel
"/" benutzt. Routen sind Suchmuster, die auch Teilbedingungen
erfüllen. Der Pfad app.use('/apple', ...) wird auch auf */apple*,
/apple/images, */apple/images/news* usw. reagieren.

Nutzen Sie die Eigenschaft req.originalUrl, um den vollständigen
Pfad zu erhalten:

```
1  app.use('/admin', function(req, res, next) {
2    // GET 'http://www.example.com/admin/new'
3    console.log(req.originalUrl); // '/admin/new'
4    console.log(req.baseUrl); // '/admin'
5    console.log(req.path); // '/new'
6    next();
7  });
```

Ist die Middleware-Funktion gebunden, wird diese immer aufgerufen, wenn eine gültige Route angefordert wird, unabhängig von der
weiteren Verarbeitung. Wenn Sie die Wurzel binden, wird die Funktion praktisch bei jeder Anforderung aufgerufen. Achten Sie auf
Performance-kritische Aktionen, denn an so zentraler Stelle kann
ein kleiner Programmierfehler erhebliche Auswirkungen haben.

```
1  app.use(function (req, res, next) {
2    console.log('Time: %d', Date.now());
3    next();
4  });
```

Middleware-Funktionen werden sequenziell ausgeführt. Die Reihenfolge der Definition bestimmt die Reihenfolge der Ausführung. Fehlt der Aufruf next( ), dann stoppt die Ausführung hier:

```
1  app.use( function(req, res, next) {
2    res.send( 'Hello World' );
3  });
4  // Diese Aktion wird niemals erreicht
5  app.get( '/', function (req, res) {
6    res.send( 'Welcome' );
7  })
```

Der Pfad kann eine Zeichenkette, ein Pfadmuster (siehe unten), ein regulärer Ausdruck oder eine Kombination daraus sein. Einfache Pfade werden direkt angegeben:

```
1  app.use( '/abcd', function (req, res, next) {
2    next();
3  });
```

Pfadmuster

Pfadmuster nutzen Platzhalter:

```
1  app.use( '/abc?d', function (req, res, next) {
2    next();
3  });
```

Das Fragezeichen macht ein Zeichen optional. Passende Pfade wären */abcxd* oder */abcd.*

Das Pluszeichen steht für ein oder mehrere Vorkommen (*/abcd, /abbcd, /abbbbbcd*):

```
1    app.use('/ab+cd', function (req, res, next) {
2      next();
3    });
```

Das Sternchen steht für kein oder mehrere Vorkommen beliebiger Zeichen (*/abcd*, */abxcd*, */abFOOcd*, */abbArcd* usw.):

```
1    app.use('/ab\*cd', function (req, res, next) {
2      next();
3    });
```

Durch Gruppierungen können Blöcke optional gemacht werden (*/ad* und */abcd*):

```
1    app.use('/a(bc)?d', function (req, res, next) {
2      next();
3    });
```

Reguläre Ausdrücke

Der folgende Pfad reagiert auf */abc* und */xyz*:

```
1    app.use(/\/abc|\/xyz/, function (req, res, next) {
2      next();
3    });
```

Dazu können auch Arrays benutzt werden. Beachten Sie dass hier Zeichenketten und Literale für reguläre Ausdrücke gemischt werden können (auch wenn dies keine so richtig gute Idee ist):

```
1  app.use([ '/abcd', '/xyza', /\/lmn|\/pqr/ ],
2          function (req, res, next) {
3    next();
4  });
```

Die Rückruffunktion

Durch die Angabe einer oder mehrere Rückruffunktionen besteht Zugriff auf die Anforderung und das Objekt, in dem die Antwort konstruiert wird.

```
1  app.use(function (req, res, next) {
2    next();
3  });
```

Der Router selbst ist auch eine Middleware-Funktion und nutzt diesselbe Signatur:

```
1  var router = express.Router();
2  router.get('/', function (req, res, next) {
3    next();
4  })
5  app.use(router);
```

Die Applikation selbst kann auch benutzt werden:

```
1  var subApp = express();
2  subApp.get('/', function (req, res, next) {
3    next();
4  })
5  app.use(subApp);
```

Mehrere Rückruffunktionen

Derselbe Pfad kann mehrere Middleware-Funktionen bedienen.

```
1   var r1 = express.Router();
2   r1.get('/', function (req, res, next) {
3     next();
4   })
5
6   var r2 = express.Router();
7   r2.get('/', function (req, res, next) {
8     next();
9   })
10
11  app.use(r1, r2);
```

Alternativ lassen sich die Objekte als Array angeben und so logisch gruppieren. Hier muss der Stammpfad mit angegeben werden:

```
1   var r1 = express.Router();
2   r1.get('/', function (req, res, next) {
3     next();
4   })
5
6   var r2 = express.Router();
7   r2.get('/', function (req, res, next) {
8     next();
9   })
10
11  app.use('/', [r1, r2]);
```

Kombinationen

Sie können alle vorstehend beschriebenen Parameter miteinander kombinieren.

```
1   function mw1(req, res, next) { next(); }
2   function mw2(req, res, next) { next(); }
3
4   var r1 = express.Router();
5   r1.get('/', function (req, res, next) { next(); });
6
7   var r2 = express.Router();
8   r2.get('/', function (req, res, next) { next(); });
9
10  var subApp = express();
11  subApp.get('/', function (req, res, next) { next(); });
12
13  app.use(mw1, [mw2, r1, r2], subApp);
```

2.3 Request – Das Anforderungsobjekt

In vielen vorangegangenen Beispielen wurde der Parameter req von
Express bereitgestellt. Dabei handelt es sich um ein Request-Objekt.
Sie bekommen darüber Zugriff auf alle Bausteine der Anforderung,
deren Parameter, den QueryString usw.

```
1   app.get('/user/:id', function(req, res){
2     res.send('user ' + req.params.id);
3   });
```

Der Name req wird in allen Beispielen benutzt, weil
er kurz und einprägsam ist. Sie müssen diesen Namen
aber nicht benutzen; es handelt sich letztlich nur um
einen Parameter einer regulären JavaScript-Funktion.

Die Eigenschaften

req.app

Dies ist die Instanz der Applikation

Definieren Sie beispielsweise in einer Datei *index.js* folgendes:

```
1   app.get("/viewdirectory", require("./mymiddleware.js"))
```

In einer anderen Datei *mymiddleware.js* wird dann auf das Applikations-Objekt zugegriffen, obwohl die Variable *app* nicht mehr verfügbar ist:

```
1   module.exports = function (req, res) {
2     res.send("The views directory is " + req.app.get("views"));
3   });
```

Hier wird eine Middleware-Funktion exportiert. Sie empfängt dann dieselben Parameter wie die regulären Funktionen des Routers.

req.baseUrl

Diese Eigenschaft ergibt den Basipfad der Router-Instanz:

```
1   var greet = express.Router();
2
3   greet.get('/jp', function (req, res) {
4     console.log(req.baseUrl); // /greet
5     res.send('Konichiwa!');
6   });
7
8   app.use('/greet', greet); // Lade den Router für '/greet'
```

Wenn Pfadmuster oder reguläre Ausdrücke für die Definition der Pfade benutzt werden, gibt diese Eigenschaft dennoch den endgültigen, vollständigen Pfad zurück, kein Muster.

```
1   app.use(['/gre+t', '/hel{2}o'], greet);
2   console.log(req.baseUrl); // => /greet.
```

Der Code in Zeile 1 definiert die Routen für */gre+t* und */hel{2}o*.

req.body

Enthält Schlüssel-Werte-Paare der Daten des Body-Bereichs. Standardmäßig ist dies undefined und wird durch Middleware-Funktionen befüllt. Wie dies aussieht wird nachfolgend gezeigt:

```
1    var app = require('express')();
2    var bodyParser = require('body-parser');
3    var multer = require('multer');
4
5    // for parsing application/json
6    app.use(bodyParser.json());
7    // for parsing application/x-www-form-urlencoded
8    app.use(bodyParser.urlencoded({ extended: true }));
9
10   app.use(multer()); // for parsing multipart/form-data
11
12   app.post('/', function (req, res) {
13     console.log(req.body);
14     res.json(req.body);
15   });
```

req.cookies

Wenn Cookies verarbeitet werden, enthält diese Eigenschaft ein Objekt der in der Anfrage enthaltenen Cookies. Standard ist ein leeres Objekt {}.

```
1    // Cookie: name=tj
2    req.cookies.name // => "tj"
```

Das Modul *cookie-parser* liefert die Funktionalität.

req.fresh

Ein Boolescher Wert zeigt an, dass die Anfrage "frisch" ist (aktuell, intakt). Das Gegenteil davon ist `req.stale`. Bedingung ist, dass das Kopffeld *cache-control* keine "no-cache" Direktive hat und irgendeine der folgenden Bedingungen eingetreten ist:

- Das Kopffeld *if-modified-since* ist vorhanden und *last-modified* ist gleich oder früher
- Das Kopffeld *if-none-match* ist *.
- Das Kopffeld *if-none-match* enthält kein ETag.

req.hostname

Enthält den Hostnamen, wie er im Kopffeld *Host* der Anfrage steht.

```
1  // Host: "example.com:3000"
2  req.hostname
```

req.ip

Die IP-Adresse, an die die Anfrage gesendet wurde. Der Wert kann sich vom Server unterscheiden, wenn Proxies benutzt werden.

```
1  req.ip // => "127.0.0.1"
```

req.ips

Enthält die Adressen des Kopffelds *X-Forwarded-For* als Array oder ein leeres Array, wenn das Feld nicht benutzt wird.

req.originalUrl

Enthält die ursprüngliche URL. Sie können `reg-url` intern überschreiben, um das Routing dynamisch zu steuern. In solchen Fällen verbleibt der ursprüngliche Wert dennoch in `req.originalUrl`.

```
1  // GET /search?q=something
2  req.originalUrl
3  // => "/search?q=something"
```

req.params

Ein Objekt mit den Parmetern der Route. Wenn die Route beispiels-weise */article/:id* ist, dann wird der Wert für *:id* in der Eigenschaft req.params.id zu finden sein. Ohne Parameter ist hier ein leeres Objekt zu finden { }.

```
1  // GET /article/2605
2  req.params.id // => 2605
```

Wenn in der Definition der Route reguläre Ausdrücke verwendet werden, werden die erkannten Gruppen (capture groups) als Array des Objekts zurückgegeben: req.params[n]. *n* ist dabei die Nummer der Gruppe. Dies gilt auch für Platzhalter in Routen, wie */file/**:

```
1  // GET /file/javascripts/jquery.js
2  req.params[0]
3  // => "javascripts/jquery.js"
```

- **req.path**
  Enthält die Pfadangabe der URL – das ist der Teil nach dem Host und vor dem QueryString.

```
1  // example.com/users?sort=desc
2  req.path
3  // => "/users"
```

- **req.protocol**
  Das Protokoll (oder Schema), also "http" oder "https".

```
1   req.protocol // => "http"
```

- **req.query**

  Ein Objekt mit den QueryString-Parametern. Wenn
  diese nicht vorhanden sind, wird ein leeres Objekt {}
  zurückgegeben.

```
1   // GET /search?q=joerg+krause
2   req.query.q
3   // Ergibt => "joerg krause"
4
5   // GET /shoes?order=desc&shoe[color]=blue
6   req.query.order
7   // Ergibt => "desc"
8
9   req.query.shoe.color
10  // Ergibt => "blue"
```

req.route

Enthält die aktuelle, passende Route als Zeichenkette.

```
1   app.get('/user/:id?', function userIdHandler(req, res) {
2     console.log(req.route);
3     res.send('GET');
4   })
```

Die Ausgabe der Informationen als JSON-Objekt sieht nun so aus:

```
1  { path: '/user/:id?',
2    stack:
3    [ { handle: [Function: userIdHandler],
4        name: 'userIdHandler',
5        params: undefined,
6        path: undefined,
7        keys: [],
8        regexp: /^\/?$/i,
9        method: 'get' } ],
10    methods: { get: true }
11 }
```

req.secure

Ein Boolescher Wert, der anzeigt, dass es sich um eine verschlüsselte Verbindung handelt (TLS, dargestellt als "https"). Die folgende Abfrage ist äquivalent:

```
'https' == req.protocol;
```

req.signedCookies

Wenn Cookie verarbeitet werden, enthält diese Eigenschaft signierte Cookies. Dies ist lediglich eine Anzeige für den Entwickler, dass diese Cookies einem speziellen Zwecke dienen. Sie sind weder verschlüsselt noch versteckt. Die Signatur ist *private* und verhindert deshalb den Zugriff bei einem Angriff auf das Cookie-Objekt.

```
1  // Cookie: user=joerg.IT7AWaXDfAKIRfH26dQzKJx05sKzzSoPq64
2  req.signedCookies.user
3  // Ergibt => "joerg"
```

req.stale

Die Anfrage ist nicht mehr gültig. Die Eigenschaft gibt true oder false zurück.

req.subdomains

Das Array der Subdomains in der Anfrage.

```
1  // Host: "joerg.admin.texxtoor.com"
2  req.subdomains
3  // => ["admin", "joerg"]
```

req.xhr

Ein Boolescher Wert der anzeigt, dass das Feld *X-Requested-With* benutzt wird und den Wert "XMLHttpRequest" enthält. Damit werden AJAX-Aufrufe erkannt. Das Feld wird unter anderem von der Client-Bibliothek jQuery benutzt. Die Eigenschaft gibt `true` oder `false` zurück.

Methoden

req.accepts(types)

Diese Methode prüft, ob die angeforderten Inhaltstypen akzeptiert werden. Die Anforderung erfolgt mit dem Kopffeld *accept*. Der Rückgabewert sollte *406 "Not Acceptable"* sein, wenn der Inhaltstyp nicht akzeptiert wird.

Die Wert sind MIME-Typen, wie beispielsweise "application/json", oder auch Erweiterungen wie "json". Mehrere Werte können durch Komma getrennt werden.

```
1   // Accept: text/html
2   req.accepts('html');
3   // => "html"
4
5   // Accept: text/*, application/json
6   req.accepts('html');
7   // => "html"
8   req.accepts('text/html');
9   // => "text/html"
10  req.accepts(['json', 'text']);
11  // => "json"
12  req.accepts('application/json');
13  // => "application/json"
14
15  // Accept: text/*, application/json
16  req.accepts('image/png');
17  req.accepts('png');
18  // => undefined
19
20  // Accept: text/*;q=.5, application/json
21  req.accepts(['html', 'json']);
22  // => "json"
```

req.acceptsCharsets

Wertet das Feld Accept-Charset aus. Wird nichts erkannt, wird false erzeugt. Syntax:

```
req.acceptsCharsets(charset [, ...])
```

req.acceptsEncodings

Wertet das Feld Accept-Encoding aus. Wird nichts erkannt, wird false erzeugt. Syntax:

```
req.acceptsEncodings(encoding [, ...])
```

req.acceptsLanguages

Wertet das Feld `Accept-Language` aus. Wird nichts erkannt, wird `false` erzeugt. Syntax:

```
req.acceptsLanguages(lang [, ...])
```

req.get(field)

Wertet das angegebene Feld aus. Groß- und Kleinschreibung wird nicht berücksichtigt. Die Begriffe *Referer* und *Referrer* sind austauschbar

 Referrer mit zwei "r" ist der korrekte Name. Die Tatsache, dass Referer auch möglich ist, liegt darin begründet, dass ausgerechnet eine frühe Version des Standardisierungsdokuments (RFC 2068) einen Schreibfehler enthielt und damit die falsche Schreibweise zum Standard erhoben hat.

```
1  req.get('Content-Type');
2  // => "text/plain"
3
4  req.get('content-type');
5  // => "text/plain"
6
7  req.get('Something');
8  // => undefined
9  Aliased as req.header(field).
```

req.is(type)

Gibt `true` zurück, wenn das Feld `Content-Type` dem Parameter-Wert entspricht.

Wenn `Content-Type: text/html; charset=utf-8` empfangen wurde, ergibt sich `true`:

```
1   req.is('html');
2   req.is('text/html');
3   req.is('text/*');
```

Wenn Content-Type: application/json empfangen wurde, ergibt sich true:

```
1   req.is('json');
2   req.is('application/json');
3   req.is('application/*');
```

Dieselbe Anfrage wird dagegen für diesen Aufruf false ergeben:

```
1   req.is('html');
```

2.4 Response – Das Antwortobjekt

Die Antwort wird in einem Objekt res zusammengestellt. Dies wird benutzt, um Daten an den Client zu senden.

Der Name res

Die Benennung des Objekts ist willkürlich, allerdings wird in der Original-Dokumentation und in dieser Übersetzung durchgehend eben dieser Name benutzt.

```
1   app.get('/user/:id', function(req, res){
2     res.send('user ' + req.params.id);
3   });
```

Dieselbe Abfrage könnte auch folgendermaßen aussehen:

```
1  app.get('/user/:id', function(request, response){
2    response.send('user ' + request.params.id);
3  });
```

Eigenschaften

res.app

Diese Eigenschaft liefert eine Referenz zur Instanz der Applikation. Diese Referenz ist identisch zu derselben Eigenschaft im Request-Objekt.

res.headersSent

Ein Boolescher Wert, der anzeigt, dass die Kopffelder bereits gesendet wurden. Nach diesem Zeitpunkt können keine weiteren Kopffelder erzeugt und gesendet werden.

```
1  app.get('/', function (req, res) {
2    console.log(res.headersSent); // false
3    res.send('OK');
4    console.log(res.headersSent); // true
5  })
```

res.locals

Lokale Variablen, die nur für den aktuellen Anforderungs-/Abfragezyklus zur Verfügung stehen. Damit lassen sich Daten in eine View transportieren. Dies unterscheidet sich von app.locals nur insofern, als dass die in app.locals vorhandenen Variablen in allen Anfragen zur Verfügung stehen.

Diese Eigenschaft ist nützlich, um Informationen aus der Anforderung an die View weiterzugeben.

```
1  app.use( function(req, res, next){
2    res.locals.user = req.user;
3    res.locals.authenticated = ! req.user.anonymous;
4    next();
5  });
```

Methoden

res.append

Fügt einen Wert einem Kopffeld hinzu. Existiert das Feld noch nicht, so wird es nun erzeugt. Die Werte können Zeichenfolgen oder Arrays sein. Syntax:

```
res.append( field [, value] )
```

 Wird res.set() nach res.append() benutzt, so wird der vorher gesetzte Wert wieder zurückgesetzt.

```
1  res.append('Link', ['<http://localhost/>', '<http://localhost\
2  :3000/>']);
3  res.append('Set-Cookie', 'foo=bar; Path=/; HttpOnly');
4  res.append('Warning', '199 Miscellaneous warning');
```

res.attachment

Setzt das Feld Content-Disposition auf den Wert "attachment". Wird der Dateiname angegeben, dann wird auch der Teil "file-name=parameter" gesetzt. Dies dient dazu, den Browser dazu zu animieren, Daten zum Herunterladen anzubieten. Syntax:

```
res.attachment( [filename] )
```

```
1   res.attachment();
2   // Content-Disposition: attachment
3
4   res.attachment('path/to/logo.png');
5   // Content-Disposition: attachment; filename="logo.png"
6   // Content-Type: image/png
```

res.cookie

Setzt den Namen eines Cookies. Der Wert kann eine Zeichenfolge oder ein Objekt sein. Ist es ein Objekt, wird dies in JSON konvertiert. Syntax:

```
res.cookie(name, value [, options])
```

Die Optionen sind nachfolgend beschrieben:

Tabelle: Cookie-Optionen

Property	Typ	Beschreibung
domain	String	Domain-Name für das Cookie. Standard ist der Domain-Name der App
expires	Date	Verfallsdatum des Cookies in GMT. Wird hier nichts angegeben, wird 0 angenommen, wodurch ein Session-Cookie entsteht.
httpOnly	Boolean	Markiert ein Cookie, sodass es nur auf dem Server gelesen wird
maxAge	String	Eine Option, um das Verfallsdatum relativ zur aktuellen Zeit zu setzen. Die Angaben erfolgt in Millisekunden.
path	String	Pfad des Cookies; der Standard ist "/"
secure	Boolean	Legt fest, dass das Cookie nur über HTTPS geliefert wird
signed	Boolean	Legt fest, dass das Cookie signiert werden muss

Cookies sind Datenpakete, die als Kopffeld gesendet werden. Die Funktion res.cookie() erzeugt ein solches Kopffeld mit den angegebenen Optionen. Wird eine Option nicht angegeben, so wird der in der RFC 6265 beschriebene Standardwert benutzt.

```
1   res.cookie('name', 'joerg', {
2           domain: '.texxtoor.com',
3           path: '/admin', secure: true
4       });
5   res.cookie('remember', '1', {
6           expires: new Date(Date.now() + 60000),
7           httpOnly: true
8       });
```

Die Option *maxAge* nutzt für das Verfallsdatum eine Zeitspanne relativ zum Zeitpunkt des Auslieferns. Das folgende Beispiel wird denselben Cookie erzeugen wie das letzte Beispiel:

```
1   res.cookie('rememberme', '1', { maxAge: 60000, httpOnly: true\
2   })
```

Werden der Cookie-Funktion JSON-Objekte übergeben, so werden diese geparst und als serialisiertes JSON im Cookie platziert.

```
1   res.cookie('cart', { items: [1,2,3] });
2   res.cookie('cart', { items: [1,2,3] }, { maxAge: 900000 });
```

Die Funktion unterstützt auch signierte Cookies. Die Funktion erzeugt einen geheimen Hash zur Signierung automatisch.

```
1   res.cookie('name', 'tobi', { signed: true });
```

Über req.signedCookie wird dann später auf das Cookie zugegriffen. Die Middleware prüft die Signatur und erkennt Manipulationen am Cookie.

Die folgende Methode löscht ein Cookie unter Angabe des Namens:

```
1   res.clearCookie(name [, options])
```

```
1   res.cookie('name', 'joerg', { path: '/admin' });
2   res.clearCookie('name', { path: '/admin' });
```

res.download

Diese Methode bietet eine Datei zum Herunterladen an. Dies erfolgt durch das Erzeugen eines passenden Kopffelds *Content-Disposition*. Wird der Dateiname angegeben, wird der Wert um *filename=filename* ergänzt. Der Pfad-Parametr verweist auf die Dateiquelle. Die Rückruffunktion *fn* dient dazu, den Erfolg oder Misserfolg des Vorgangs anzuzeigen, sie wird nach dem Ende der Übertragung aufgerufen und enthält HTTP-Statuscodes. Intern wird res.sendFile() zur Übertragung der Datei benutzt. Syntax:

```
res.download(path [, filename] [, fn])
```

```
1   res.download('/report-2605.pdf');
2
3   res.download('/report-2605.pdf', 'report.pdf');
4
5   res.download('/report-2605.pdf', 'report.pdf',
6                function(err){
7                  if (err) {
8                    // Fehler
9                  } else {
10                   // Erfolg
11                 }
12             });
```

Bei der Behandlung von Fehlern (Zeile 6) ist noch zu beachten, dass eine Ausgabe von Fehlertexten an den Benutzer möglicherweise misslingt, da andere Kopffelder bereist versendet wurden. Prüfen Sie gegebenenfalls mit res.headersSent, ob das Senden von Daten noch möglich ist.

res.end

Diese Methode beendet den Antwortvorgang. Der Aufruf nutzt den Node-Kern, dort speziell `response.end()` des Objekts `http.ServerResponse`. Syntax:

```
res.end([data] [, encoding])
```

Dies ist sinnvoll, wenn eine Anfrage sofort ohne Daten beendet werden soll.

```
1  res.end();
2  res.status(404).end();
```

res.format

Diese Methode versucht das Kopffeld `Accept` zu lesen und danach zu entscheiden, wie eine Antwort formatiert werden soll. Dazu wird `req.accepts()` aufgerufen. Existiert das Kopffeld nicht, wird die erste Rückruffunktion benutzt. Erfolgt dort keine Bearbeitung, wird *406 "Not Acceptable"* erzeugt. Steht eine Standardrückruffunktion bereit, wird diese benutzt. Syntax:

```
res.format(object)
```

Wird eine Rückruffunktion benutzt, wird bei der Antwort das Kopffeld *Content-Type* erzeugt. Dieses Verhalten kann jedoch verändert werden, indem `res.set()` oder `res.type()` eingesetzt wird.

Das folgende Beispiel erzeugt die JSON-Serialisierung { `"message"`: `"hallo"` }, wenn das *Accept*-Kopffeld den MIME-Typ "application/json" oder "*/json" enthält. Ansonsten wird nur der Text "hallo" ausgegeben. Wird dagegen explizit nach HTML gefragt (MIME-Typ ist "text/html"), so wird "<p>hallo</p>" erzeugt.

```
1   res.format({
2     'text/plain': function(){
3       res.send('hallo');
4     },
5
6     'text/html': function(){
7       res.send('<p>hallo</p>');
8     },
9
10    'application/json': function(){
11      res.send({ message: 'hallo' });
12    },
13
14    'default': function() {
15      // log the request and respond with 406
16      res.status(406).send('Not Acceptable');
17    }
18  });
```

Als Alternative zur Zeichenkettendarstellung der MIME-Typen lässt sich auch ein Mapping auf Methoden benutzen, was etwas weniger aufwändig und fehleranfällig ist:

```
1   res.format({
2     text: function(){
3       res.send('hallo');
4     },
5
6     html: function(){
7       res.send('<p>hallo</p>');
8     },
9
10    json: function(){
11      res.send({ message: 'hallo' });
12    }
13  });
```

res.get

Diese Methode gibt ein bestimmtes Kopffeld zurück, benannt durch den Parameter *field*. Syntax:

```
res.get(field)
```

```
1  res.get('Content-Type');
2  // Ergibt beispielsweise "text/plain"
```

res.json

Diese Methode sendet eine JSON-Antwort. Dabei kann jeder Datentyp benutzt werden, nicht nur JavaScript-Objekte, sondern auch null oder undefined. Syntax:

```
res.json([body])
```

```
1  res.json(null)
2  res.json({ user: 'joerg' })
3  res.status(500).json({ error: 'message' })
```

res.jsonp

Dies ist eine JSON-Antwort mit JSONP-Unterstützung. Dies entspricht der vorhergehenden Methode, allerdings mit Akzeptanz von JSONP. Syntax:

```
res.jsonp([body])
```

JSONP

JSONP (JSON mit Padding) ermöglicht die Übertragung von JSON-Daten über Domaingrenzen. Üblicherweise erfolgen Ajax-Datenabfragen an Server
über das XMLHttpRequest-Objekt des Browsers. Ein
Sicherheitskonzept, die *Same-Origin-Policy*, verhindert dass Teile einer Website von verschiedenen Ser-
vern geladen werden. Damit soll verhindert werden,
dass fremde Skripte oder CSS eingeschleust werden.
Wenn nun aber eine Serverumgebung skaliert, dann
werden Bilder oder Skripte möglicherweise bewusst
von einem anderen Server geladen. Solche Abfragen
sind zulässig, wenn JSONP benutzt wird. Die Abfrage
wird dabei in ein <script>-Tag verpackt, das per Definition von der *Same-Origin-Policy* ausgenommen ist.

```
1  res.jsonp(null)
2  // => null
3
4  res.jsonp({ user: 'joerg' })
5  // => { "user": "joerg" }
6
7  res.status(500).jsonp({ error: 'message' })
8  // => { "error": "message" }
```

Standardmäßig ist die JSONP Rückruffunktion eine einfache JavaScript-
Rückruffunktion. Dies kann jedoch modifiziert werden.

```
1  // ?callback=foo
2  res.jsonp({ user: 'joerg' })
3  // ergibt  foo({ "user": "joerg" })
4
5  app.set('jsonp callback name', 'cb');
6
7  // ?cb=foo
8  res.status(500).jsonp({ error: 'message' })
9  // ergibt foo({ "error": "message" })
```

Im Client-Code sollte sich dann die hier beispielhaft benutzte Methode foo finden, mit deren Hilfe die von der anderen Domain geladenen Daten verarbeitet werden.

res.links

Diese Methode verbindet die als Parameter angegebenen Hyperlinks und erzeugt das Kopffeld *Link*. Syntax:

```
res.links(links)
```

 Das Link-Kopffeld

Link wird benutzt, um dem Client weitere Dateien oder Ressourcen mitzuteilen, z.B. einen RSS-Feed, einen Fav-Icon, Copyright-Lizenzen etc. Dieses Kopffeld ist äquivalent zum <link /> -Feld in HTML.

```
1  res.links({
2    next: 'http://api.example.com/users?page=2',
3    last: 'http://api.example.com/users?page=5'
4  });
```

Dies ergibt im HTTP:

```
1    Link: <http://api.example.com/users?page=2>; rel="next",
2          <http://api.example.com/users?page=5>; rel="last"
```

res.location

Diese Methode erzeugt das *Location*-Kopffeld. Syntax:

```
res.location(path)
```

 ### Location

Location wird oft genutzt, um Clients weiterzuleiten
(mit einem 3xx-Code).

```
1    res.location('/foo/bar');
2    res.location('foo/bar');
3    res.location('http://example.com');
4    res.location('../login');
5    res.location('back');
```

Die Pfadangaben entsprechen denen bei *redirect*. Siehe dazu auch
die folgende Methode.

res.redirect

Auch diese Methode erzeugt ein *Location*-Kopffeld. Es erfolgt keine
Prüfung oder Kontrolle, ob der Wert sinnvoll oder ausführbar ist.
Die einzige Ausnahme ist der Wert back. Syntax:

```
res.redirect([status,] path)
```

Der Browser ist dafür verantwortlich, den finalen Pfad aus dem
der aktuellen Site und den möglicherweise dazu relativen Angaben
zusammenzustellen und die Umleitung dann auszuführen. Das
Umleiten selbst wird durch den Statuscode 302 initiiert. Andere
Codes sind möglich, müssten dann jedoch explizit benannt werden.
Eine vollständige Umleitungsanweisung besteht also aus der Um-
leitungsaufforderung 302 und der Umleitungsanweisung *Location*.

```
1  res.redirect('/foo/bar');
2  res.redirect('http://example.com');
3  res.redirect(301, 'http://example.com');
4  res.redirect('../login');
```

Pfade relativ zu anderen sind auch möglich:

```
1  res.redirect('..');
```

Der spezielle Wert back nutzt das Anforderungs-Kopffeld *Referrer* zur Umleitung auf die vorhergehende Seite. Wird dieses Kopffeld nicht gefunden, wird auf der Stammpfad "/" benutzt.

```
1  res.redirect('back');
```

res.render

Diese Methode rendert (erstellt) eine View und sendet das fertige HTML an den Client. Syntax:

```
res.render(view [, locals] [, callback])
```

Die optionalen Parameter haben folgende Bedeutung:

- locals: Ein Objekt, über das lokale Variablen an Views übergeben werden können
- callback: Eine Rückruffunktion, über die Zugriff auf Fehlerinformationen oder die gerenderte View als Zeichenkette bestehen. Es erfolgt kein auomatisches Senden der gerenderten Daten. Im Fehlerfall wird next() intern aufgerufen, um die weitere Verarbeitung sicherzustellen.

Ohne Rückruffunktion wird die gerenderte View direkt an den Client gesendet.

```
res.render('index');
```

Mit Rückruffunktion wird die gerenderte View zurückgegeben und muss mittels send gesendet werden.

```
1  res.render('index', function(err, html) {
2    res.send(html);
3  });
```

Lokale Variable werden als Objekte erwartet:

```
1  res.render('user', { name: 'Tobi' }, function(err, html) {
2    // ...
3  });
```

res.send

Diese Methode sendet eine HTTP-Antwort. Syntax:

```
res.send([body])
```

Diese Methode erwartet entweder einen Puffer, eine Zeichenkette, ein JavaScript-Objekt oder ein Array:

```
1  res.send(new Buffer('whoop'));
2  res.send({ message: 'json' });
3  res.send('<p>Etwas HTML</p>');
4  res.status(404).send('Not found!');
5  res.status(500).send({ error: 'Fehler beim Verarbeiten' });
```

Die send-Methode führt einige interne Vorgänge automatisch aus. So wird die Länge der Antwort ermittelt und das passende Kopffeld *Content-Length* erzeugt. Außerdem werden Cache-Informationen aktualisiert und verwaltet. Wenn der Parameter als Puffer-Objekt Buffer erkannt wird, wird als MIME-Typ im Kopffeld *Content-Type* der Wert "application/octet-stream" erzeugt. Dieser Automatismus kann wie folgt übergangen werden:

```
1  res.set('Content-Type', 'text/html');
2  res.send(new Buffer('<p>Etwas HTML</p>'));
```

Bei HTML wird das Kopffeld *Content-Type* auf "text/html" gesetzt:

```
1  res.send('<p>some html</p>');
```

Ein Array oder ein Objekt wird als JSON interpretiert:

```
1  res.send({ user: 'joerg' });
2  res.send([1,2,3]);
```

res.sendFile

Diese Funktion senden eine Datei, die vom angegebenen Pfad geladen wird. Basierend auf der Datei-Erweiterung wird des Kopffeld *Content-Type* gesetzt. Beachten Sie, dass dies nicht zwingend zum Herunterladen der Datei führt, sondern die Antwort ist als reguläre Antwort zum Browser unterwegs. Syntax:

```
res.sendFile(path [, options] [, fn])
```

Die Optionen werden nachfolgend beschrieben.

Tabelle: Optionen der Funktion sendFile

Property	Description
maxAge	Setzt die Eigenschaft "max-age" des Kopffelds Cache-Control in ms oder als Zeichenkette in der Form 0000ms
root	Das Stammverzeichnis für relative Dateinamen.
lastModified	Setzt das Kopffeld "Last-Modified" auf das Datum der letzten Änderung der Datei, wie es das Betriebssystem angibt
headers	Weitere HTTP-Kopffelder
dotfiles	Option füe Dateien, die mit Punkt beginnen: "allow", "deny", "ignore". Der Wert "ignore" ist der Standard

Die Methode benutzt eine Rückruffunktion die aufgerufen wird, wenn der Transfer erfolgt ist. Wenn ein Fehler aufgetreten ist, muss dieser explizit behandelt werden. Dies erfolgt entweder durch direktes Erstellen und Senden der Antwort oder durch explizites Beenden des Vorgangs oder durch Weiterreichen an die nächste Route.

```
app.get('/file/:name', function (req, res, next) {

  var options = {
    root: __dirname + '/public/',
    dotfiles: 'deny',
    headers: {
      'x-timestamp': Date.now(),
      'x-sent': true
    }
  };

  var fileName = req.params.name;
  res.sendFile(fileName, options, function (err) {
    if (err) {
      console.log(err);
      res.status(err.status).end();
    }
    else {
      console.log('Sent:', fileName);
    }
  });

})
```

res.sendFile ermöglicht verschiedene genaue Reaktionen:

```
1   app.get('/user/:uid/photos/:file', function(req, res){
2     var uid = req.params.uid
3       , file = req.params.file;
4
5     req.user.mayViewFilesFrom(uid, function(yes){
6       if (yes) {
7         res.sendFile('/uploads/' + uid + '/' + file);
8       } else {
9         res.status(403).send('Sorry! you cant see that.');
10      }
11    });
12  });
```

res.sendStatus

Setzt den Status-Code der HTTP-Antwort auf den entsprechenden Wert. Die passende Zeichenfolge wird dabei automatisch erzeugt. Syntax:

```
res.sendStatus(statusCode)
```

```
1   res.sendStatus(200);
2   // äquivalent zu res.status(200).send('OK')
3   res.sendStatus(403);
4   // äquivalent zu res.status(403).send('Forbidden')
5   res.sendStatus(404);
6   // äquivalent zu res.status(404).send('Not Found')
7   res.sendStatus(500);
8   // äquivalent zu res.status(500).send('Internal Server Error')
```

Wenn ein Code erzeugt wird, der nach der HTTP-Spezifikation nicht bekannt ist, wird er dennoch gesendet und die Zeichenfolgendarstellung des Codes wird benutzt:

```
1   res.sendStatus(2000); // equivalent to res.status(2000).send(\
2   '2000')
```

res.set

Setzt ein Kopffeld in der Antwort auf einen bestimmten Wert.
Diese Methode kann auch mit einem Objekt umgehen, um in einem
Aufruf mehrere Kopffelder zu erzeugen. Syntax:

```
res.set(field [, value])
```

```
1  res.set('Content-Type', 'text/plain');
2
3  res.set({
4    'Content-Type': 'text/plain',
5    'Content-Length': '123',
6    'ETag': '12345'
7  })
```

Es gibt dazu einen Alias mit dem Namen res.header(field [,
value]).

res.status

Setzt den Status-Code der HTTP-Antwort auf den entsprechenden
Wert. Die passende Zeichenfolge wird dabei nicht erzeugt. Syntax:

```
res.status(code)
```

```
1  res.status(403).end();
2  res.status(400).send('Bad Request');
3  res.status(404).sendFile('/absolute/path/to/404.png');
```

res.type

Setzt das Kopffeld *Content-Type* auf einen MIME-Typ. Intern wird
mime.lookup() benutzt, um den Wert zu ermitteln. Es reicht die Angabe einer Kurzschreibweise aus. Wenn der Wert den Schrägstrich
"/" enthält, wird der Wert unverändert übernommen. Syntax:

```
res.type(type)
```

```
1   res.type('.html');              // => 'text/html'
2   res.type('html');               // => 'text/html'
3   res.type('json');               // => 'application/json'
4   res.type('application/json');   // => 'application/json'
5   res.type('png');                // => image/png:
```

res.vary

Fügt ein Wert dem Vary Kopffeld hinzu, falls noch nicht vorhanden.
Syntax:

```
res.vary(field)
```

```
1   res.vary('User-Agent').render('docs');
```

3. Die API des Routers

Dieser Abschnitt zeigt die spezifische API des Routers.

3.1 Der Router im Detail

Ein Router-Objekt ist eine isolierte Instanz von Middleware und Routen. Es ist eine Art Applikation, die Verarbeitungsfunktionen auf der Anfrage ausführt, Routen erkennt, weiterleitet und Antworten erstellt. Eine Express-Applikation hat immer einen eingebauten Router.

Der Router selbst (der Teil der Applikation, der Routen verarbeitet) ist ein Stück Middleware und kann als Argument in app.use() benutzt werden. Auf der obersten Ebene dient die Funktion Router() dazu, dass ein neues Router-Objekt zu erzeugen.

Einen neuen Router erzeugen

Ein neuer Router wird folgendermaßen erzeugt:

```
1  var options = {};
2  var router = express.Router(options);
```

Die Abgabe der Optionen ist selbst optional. Folgende Eigenschaften stehen zur Verfügung:

Tabelle: Optionen des Routers

Property	Description
caseSensitive	Beachte Groß- und Kleinschreibung, d.h. */Foo* und */foo* ist nicht dasselbe.
mergeParams	Behält req.params-Werte des übergeordneten Routers. Wenn sich Parameternamen überschneiden, so gewinnt der Name des Parameters der Kind-Route. Standard ist false.
strict	Schaltet striktes Routing ein. Standard ist false. Wird das aktiviert, sind */foo* und */foo/* nicht dasselbe

Der Router erlaubt den Zugriff auf die Anfrage wie jede andere Middleware-Komponente, sodass die Verarbeitung frühzeitig und passend zur Aufgabenstellung durchgeführt werden kann. Die betrifft auch die Auswertung der HTTP-Verben (GET, POST, PUT usw.):

```
1  router.use(function(req, res, next) {
2    // Logik des Routers ohne Route
3    next();
4  });
5
6  router.get('/events', function(req, res, next) {
7    // Logik des Routers mit Route '/events'
8  });
```

Es ist sinnvoll, einen Router für die Stamm-URL (root) zu benutzen und die Applikation so in eine Reihe kleinerer Miniapplikationen aufzuteilen. Im folgenden Beispiel werden nur die Routen mit dem Pfad '/calender/*' an den Router mit dem Namen *calRouter* gesendet.

```
1  app.use('/calendar', calRouter);
```

3.2 Methoden

Im folgenden werden die Methoden des Router-Objekts näher beschrieben.

router.all

Diese Methode funktioniert wie alle Antwortmethoden, nur dass statt auf ein bestimmtes HTTP-Verb auf alle Verben reagiert wird. Damit lässt sich sehr einfach eine Art allgemeiner Logik aufbauen, die universelle Anfragen annimmt und verarbeitet. Allgemeine Aufgaben sind:

- Authentifizierung
- Autorisierung
- Caching
- Logging
- Sitzungsverarbeitung

Beachten Sie, dass hierfür in umfangreicheren Applikationen auch Middleware-Funktionen genutzt werden können. In jedem Fall kann die Verarbeitung mit next() fortgesetzt werden, sodass die Aktion nicht zwingend eine Ausgabe erzeugen muss. Das folgende Beispiel löst zwei Aktionen aus:

```
1   router.all('*', requireAuthentication, loadUser);
```

Alternativ kann die Vereinbarung auch nacheinander erfolgen:

```
1   router.all('*', requireAuthentication)
2   router.all('*', loadUser);
```

Das nächste Beispiel beschränkt den universellen Zugriff auf Pfade, die mit *api* beginnen:

```
1   router.all('/api/*', requireAuthentication);
```

Weitere Methoden

Die Methoden router.METHOD() reagieren jeweils auf ein konkretes HTTP-Verb. Dabei ist der Name für den Platzhalter *METHOD* jeweils die kleingeschriebene Version des Verbs. GET wird also mit get verarbeitet, POST mit post usw.

Erneut lässt sich der Pfad beschränken (erstes Argument) und es lassen sich mehrere Rückruffunktionen angeben.

```
1   router.get('/', function(req, res){
2     res.send('hello world');
3   });
```

Um Anfragen der Art GET /commits/71dbb9c ebenso wie GET /commits/71dbb9c..4c084f9 auszuführen, ist folgender regulärer Ausdruck als Pfad geeignet:

```
1   router.get(/^\/commits\/(\w+)(?:\.\.(\w+))?$/,
2             function(req, res){
3               var from = req.params[0];
4               var to = req.params[1] || 'HEAD';
5               res.send('commit range ' + from + '..' + to);
6             });
```

router.param

Mit dieser Methode lassen sich Parameter prüfen. Es wird der Name des Parameters und eine Rückruffunktion angegeben. Die Funktion verlangt vier Argumente: Request, Response, Next und der Wert des Parameters.

Das folgende Beispiel zeigt den Zugriff auf den Parameter *user:*. Dessen Wert wird in *id* übergeben.

```
 1   router.param('user', function(req, res, next, id) {
 2
 3       // User ist ein Pseudoobjekt, dass passende Daten enthält
 4       User.find(id, function(err, user) {
 5         if (err) {
 6           next(err);
 7         } else if (user) {
 8           req.user = user;
 9           next();
10         } else {
11           next(new Error('Nicht gefunden'));
12         }
13       });
14   });
```

Die Rückruffunktion ist lokal zum Router, für den sie definiert wurde. Rückruffunktionen werden nicht in angeschlossenen Apps oder Routern (Sub-Apps, Sub-Router) weitergereicht. Sie werden außerdem nur einmal innerhalb eines Zyklus aufgerufen, auch wenn die Route mehrfach passt.

```
 1   router.param('id', function (req, res, next, id) {
 2     console.log('Nur ein Aufruf, auch wenn /:id folgt');
 3     next();
 4   })
 5
 6   router.get('/user/:id', function (req, res, next) {
 7     console.log('Erste Route');
 8     next();
 9   });
10
11   router.get('/user/:id', function (req, res) {
12     console.log('Zweite Route');
13     res.end();
14   });
```

router.route(path)

Diese Methode gibt eine Instanz einer Route zurück. Dies kann benutzt werden, um für bestimmte HTTP-Verben zusätzliche Middleware-Aktionen auszuführen. Dies lässt sich zwar auch durch erneute Angabe der Route erreichen, allerdings müssen Sie dann die Route auch mehrfach schreiben und damit ergeben sich Fehlermöglichkeiten durch Tippfehler.

```
1   var router = express.Router();
2
3   router.param('user_id', function(req, res, next, id) {
4     // Muster, hier folgt ein Datenbankaufruf o.ä.
5     req.user = {
6       id: id,
7       name: 'TJ'
8     };
9     next();
10  });
11
12  router.route('/users/:user_id')
13       .all(function(req, res, next) {
14         // Alle Verben
15         next();
16       })
17       .get(function(req, res, next) {
18         res.json(req.user);
19       })
20       .put(function(req, res, next) {
21         // Beispiel
22         req.user.name = req.params.name;
23         // Speichern folgt hier (nicht gezeigt)
24         res.json(req.user);
25       })
26       .post(function(req, res, next) {
27         next(new Error('nicht implementiert'));
28       })
29       .delete(function(req, res, next) {
```

```
30        next(new Error('nicht implementiert'));
31    });
```

Der Pfad */users/:user_id* der Route wird hier mehrfach verwendet für verschiedene HTTP-Verben.

router.use

Diese Methode vereinbart eine Middleware-Funktion. Optional kann ein Pfad angegeben werden. Ohne Angabe des Pfades wird der Stammpfad "/" benutzt. Das ist vergleichbar mit `app.use()`, die Benutzung ist identisch.

```
1    var express = require('express');
2    var app = express();
3    var router = express.Router();
4
5    // Einfacher Logger: Alle Anfragen gehen zuerst durch diese M\
6    ethode
7    router.use(function(req, res, next) {
8      console.log('%s %s %s', req.method, req.url, req.path);
9      next();
10   });
11
12   // Nur für Pfade, die mit /bar beginnen
13   router.use('/bar', function(req, res, next) {
14     // ... Middleware-Funktion vor der Verarbeitung
15     next();
16   });
17
18   // Wird immer aufgerufen
19   router.use(function(req, res, next) {
20     res.send('Hello World');
21   });
22
23   app.use('/foo', router);
24
25   app.listen(3000);
```

Der eigentliche Pfad ist nicht von Bedeutung und für die Middleware-Funktion nicht sichtbar. Die Idee dahinter ist im Wesentlichen, dass Funktionen unabhängig vom Pfad ausgeführt werden können.

Die Ausführung der Funktionen wird durch die Reihenfolge der Definition bestimmt. Es wird eine Funktion nach der anderen ausgeführt – also sequenziell.

```
1    var logger = require('morgan');
2
3    router.use(logger());
4    router.use(express.static(__dirname + '/public'));
5    router.use(function(req, res){
6      res.send('Hello');
7    });
```

Nehmen Sie an, Sie wollten das Protokollieren für statische Dateien verhindern. Weitere Schritte der Middleware sollen für diese Dateien dennoch ausgeführt werden. Dazu verschieben Sie die Definition für statische Dateien (express.static) einfach vor die Vereinbarung der Middleware-Funktion:

```
1    router.use(express.static(__dirname + '/public'));
2    router.use(logger());
3    router.use(function(req, res){
4      res.send('Hello');
5    });
```

Ebenso lässt sich durch die Reihenfolge bestimmen, in welchen Ordnern zuerst gesucht wird. Im folgende Beispiel wird zuerst der Ordner *public* durchsucht. Wird er Router fündig, ist die Anfrage bearbeitet. Findet der Router nichts, sucht er im nächsten Ordner. Auch hier ist die Reihenfolge in der Skriptdatei bestimmend.

```
1  app.use(express.static(__dirname + '/public'));
2  app.use(express.static(__dirname + '/files'));
3  app.use(express.static(__dirname + '/uploads'));
```

Die Methode `router.use()` unterstützt außerdem benannte Parameter (*name:* usw.), sodass nachfolgende Schritte auf diese Daten zugreifen können.

4. Weitere Bibliotheken

Mit einigen weiteren Bibliotheken kann der Funktionsumfang des Express-Routers clever erweitert werden. Dazu gehören:

- Namespace-basiertes Routing
- Ressourcen-basiertes Routing

4.1 Namespace-basiertes Routing

Um den Sinn von Namespaces (Namensräumen) zu verstehen, soll zuerst ein typisches Beispiel einer Reihe von Routen gezeigt werden:

```
1  app.get('/articles/', function(req, res) { … });
2  app.get('/articles/new', function(req, res) { … });
3  app.get('/articles/edit/:id', function(req, res) { … });
4  app.get('/articles/delete/:id', function(req, res) { … });
5  app.get('/articles/2013', function(req, res) { … });
6  app.get('/articles/2013/jan/', function(req, res) { … });
7  app.get('/articles/2013/jan/nodejs', function(req, res) { … }\
8  );
```

Mit zunehmender Anzahl Routen und den jeweils zugehörenden Pfadsegmenten wird schnell klar, dass der Aufwand immens ist. Vor allem aber ist auffällig, dass viele Pfadbestandteile identisch sind. Teile der Pfade werden endlos wiederholt, wie im Beispiel der Name *articles*.

Nun wäre es sinnvoll, eine Art Basispfad zu definieren und dann nur die dazu relativen Bestandteile aufzulisten. Dazu dienen Namespaces. Es handelt sich also lediglich um eine Vereinfachung oder

Verkürzung der Schreibweise von Routen. Weniger schreiben heißt natürlich auch immer weniger Fehler.

Express hat dafür einen eingebauten Weg, allerdings steht ein Zusatzmodul zur Verfügung, dass dies besser erledigt. Installieren können Sie es über den Node Package Manager **npm** wie folgt:

```
$ npm install express-namespace
```

Nun muss die Datei *app.js* angepasst werden, damit die Routen den Namespace nutzen können:

Listing: app.js

```
1   var http = require('http');
2   var express = require('express');
3
4   // express-namespace muss geladen werden, bevor die App insta\
5   nziiert wird
6   var namespace = require('express-namespace');
7   var app = express();
8
9   app.use(app.router);
10
11  // Definition des Namespace
12  app.namespace('/articles', function() {
13
14    app.get('/', function(req, res) {
15      res.send('index of articles');
16    });
17
18    app.post('/new', function(req, res) {
19      res.send('new article');
20    });
21
22    app.put('/edit/:id', function(req, res) {
23      res.send('edit article ' + req.params.id);
24    });
25
26    app.delete('/delete/:id', function(req, res) {
```

```
27      res.send('delete article ' + req.params.id);
28    });
29
30    app.get('/2013', function(req, res) {
31      res.send('articles from 2013');
32    });
33
34    // Verschachtelter Namespace
35    app.namespace('/2013/jan', function() {
36
37      app.get('/', function(req, res) {
38        res.send('articles from jan 2013');
39      });
40
41      app.get('/nodejs', function(req, res) {
42        res.send('articles about Node from jan 2013');
43      });
44    });
45
46  });
47
48  http.createServer(app).listen(3000, function() {
49    console.log('App started');
50  });
```

Nach dem Laden der Applikation stehen folgende Routen zur Verfügung:

- http://localhost:3000/articles/
- http://localhost:3000/articles/edit/4
- http://localhost:3000/articles/delete/4
- http://localhost:3000/articles/2013
- http://localhost:3000/articles/2013/jan
- http://localhost:3000/articles/2013/jan/nodejs

Namespaces unterstützen – wie alle Routen – sowohl Platzhalter in Zeichenketten als auch reguläre Ausdrücke in der Literal-Schreibweise.

4.2 Ressourcenspezifisches Routing

Es gibt eine weitere Vorgehensweise für das Routing, die mehr objektorientiert arbeitet. Die Idee basiert auf der Überlegung, Objekte bereit zu stellen, die Aktionen enthalten. Die Routen führen dann zu diesen Aktionen. Sie erstellen also keine Pfade mehr, sondern definieren Objekte. Diese Objekte werden als Ressourcen betrachtet.

Es ist sinnvoll, diese Objekte als Modelle der Domäne zu erstellen. Mit Domäne ist hier die fachliche Domäne gemeint – also der Bezug zum Anwender. Ressourcen sind in diesem Sinne Dinge wie Benutzer, Bilder, Artikel, Bücher oder auch Forenbeiträge. Meist handelt es sich im die Abbildung der Datenquelle. Beim ressorcenbasierten Routing werden HTTP-Verben mit Pfadmustern kombiniert.

Die folgende Tabelle zeigt, welche Verben für welche Aktionen geeignet sind:

Tabelle: Ressourcebasiertes Routing

HTTP-Verb	Pfad	Modul-Methode	Beschreibung
GET	/users	index	Benutzer auflisten
GET	/users/new	new	Formular zum Anlegen eines neuen Benutzers
POST	/users	create	Die Formulardaten verarbeiten
GET	/users/:id	show	Zeige Benutzer mit der ID :id

Tabelle: Ressourcebasiertes Routing

HTTP-Verb	Pfad	Modul-Methode	Beschreibung
GET	/users/:id/edit	edit	Zeige Bearbeitungsformular für Benutzer ID :id
PUT	/users/:id	update	Verarbeite die Änderungen am Benutzer ID :id
DELETE	/users/:id	destroy	Lösche den Benutzer mit der ID :id

Diese implizite Verknüpfung zwischen Verben und Routen und den Aktionen ist nicht Standard der Express-Umgebung. Erforderlich ist das Zusatzmodul *express-resource*. Installieren Sie dieses mit Hilfe des Node Package Managers **npm** wie folgt:

```
$ npm install express-resource
```

Nun wird ein Modul erstellt, dass die Routen behandeln kann. Folgt man dem *user*-Beispiel, eignet sich die Unterbringung in einer Datei *users.js* (der Ordnung halber, der Name ist nicht relevant). Die Implementierung sieht dann folgendermaßen aus:

```
 1  exports.index = function(req, res) {
 2    res.send('index of users');
 3  };
 4
 5  exports.new = function(req, res) {
 6    res.send('form for new user');
 7  };
 8
 9  exports.create = function(req, res) {
10    res.send('handle form for new user');
11  };
12
```

```
13  exports.show = function(req, res) {
14    res.send('show user ' + req.params.user);
15  };
16
17  exports.edit = function(req, res) {
18    res.send('form to edit user ' + req.params.user);
19  };
20
21  exports.update = function(req, res) {
22    res.send('handle form to edit user ' + req.params.user);
23  };
24
25  exports.destroy = function(req, res) {
26    res.send('delete user ' + req.params.user);
27  };
```

In der bekannten *app.js* wird dann noch die Benutzung des Moduls vereinbart:

```
1   var http = require('http');
2   var express = require('express');
3   // express-resource muss VOR der app-Instanz geladen werden
4   var resource = require('express-resource');
5
6   var app = express();
7
8   app.use(app.router);
9
10  // Laden der Aktions-Datei
11  app.resource('users', require('./users.js'));
12
13  http.createServer(app).listen(3000, function() {
14    console.log('App gestartet');
15  });
```

Nach dem Start stehen die Aktionen unter folgenden Routen zur Verfügung:

- http://localhost:3000/users
- http://localhost:3000/users/new
- http://localhost:3000/users/5
- http://localhost:3000/users/5/edit

Um die POST-, PUT- oder DELETE-Aktion zu nutzen, verwenden Sie entweder ein Werkzeug wie Fiddler oder Curl, mit denen sich Anfragen manuell zusammenbauen lassen. Oder Sie programmieren gleich die passenden Abfragen im Browser mittels AJAX-Bibliotheken, wie jQuery oder AngularJS.

Gegenüber der bisher gezeigten Version sparen Sie sich das explizite Angeben der Routen und damit einiges an Arbeit und Fehlerquellen.

www.ingramcontent.com/pod-product-compliance
Lightning Source LLC
Chambersburg PA
CBHW070907180526
45168CB00005B/1960